COLLECTION D'AVENTURES

LES MYSTÈRES DE LA MER DE CORAIL

AUX PRISES AVEC LES CANNIBALES

450 COLLECTION D'AVENTURES, 3, Rue de Rocroy, Paris (10e)

COLLECTION D'AVENTURES
ABONNEMENTS
UN AN : PARIS, DÉPARTEMENTS 22 FR. ; ÉTRANGER 29 FR. Compte chèque postal 259-10.

LES MYSTÈRES DE LA MER DE CORAIL

AUX PRISES AVEC LES CANNIBALES

PAR

JOSÉ MOSELLI

PARIS
ÉDITION DE LA COLLECTION D'AVENTURES
3, RUE DE ROCROY, 3

450

Collection d'Aventures

Le volume : 45 centimes.

TITRES DES VOLUMES PARUS.

235. La Jonque Sacrée .... M. Idiers.
236. L'Ogre de la Tour Grise .... J. Aleyrac.
237. Les Démons blancs .... P. Gallien.
238. La Morne de la Pampa .... P. Gallien.
239 La Caverne maudite .... E.-G. Brézol.
240. Le Prince rouge .... E.-G. Brézol.
241. Le Trou de l'Enfer .... X.
242. Le Vaisseau Trésor .... O. Malat.
243. Ralph, le Serpent .... O. Malat.
244. Les Despérados .... M. Seygstre.
245. Robert Cernac, l'intrépide .... A. Monjardin.
246. Le Capitaine Lucifer .... G. Choquet.
247. Harry, le Taureau rouge .... G. Choquet.
248. L'Homme au masque noir .... G. Choquet.
249. Le Cavalier fantastique .... G. Choquet.
250. Les Chercheurs d'Ivoire .... D. Hervey.
251. La Montagne Hantée .... D. Hervey.
252. La Pierre de Luxe .... D. Hervey.
253. Le Château des Loups rouges .... J. Aleyrac.
254. La Miséricorde d'Amaury .... A. Romagny.
255. Les Brigands des Karpathes .... A. Romagny.
256. Spianagoba, Redresse-bosses .... A. Romagny.
257. Robert l'Enfant perdu .... Albert Pajol.
258 La Maison des Fous .... Albert Pajol.
259. L'Explorateur Fantôme .... G. Choquet.
260. Le Cratère du Diable .... G. Choquet.
261. Le Triomphe de l'Aile .... G. Choquet.
262. Les Chevaliers de la Forêt .... J. Aleyrac.
263. Le Spectre vivant .... J. Aleyrac.
264. Les Négriers des Rivières du Sud .... Pierre Agay.
265. Prisonniers du Roi d'Ebène .... Pierre Agay.
266. Le Marécage de l'Epouvante .... Pierre Agay.
267. Les Invisibles .... A. Monjardin.
268. Le Pont de la Fausse-Monnaie .... A. Monjardin.
269. Le Miroir qui tue .... A. Monjardin.
270. Le Mystère de la Tour Eiffel .... G. Guitton.
271. Sous la griffe du Tigre .... G. Guitton.
272. Le Récit des Cannibales .... José Moselli.
273. Le Forçat milliardaire .... José Moselli.
274. Les Compagnons de la Mort .... J. Mahan.
275. Le Pont des Cadavres .... J. Mahan.
276. La Caverne aux millions .... J. Mahan.
277. Le Signe du Malheur .... G. Choquet.
278. Le Contrepoison Malais .... G. Choquet.
279. Le Maître du Monde .... G. Choquet.
280. Le Vaisseau Aérien .... G. Choquet.
281. Justus Wiss détective .... A. Romagny.
282. La Chasse à l'homme .... A. Romagny.
283. Le Courrier de Lyon .... J. Aleyrac.
284. La Maison du Poivre de Cayenne .... J. Aleyrac.
285. L'Héritage de la Mendiante .... M. Mario.
286. Le Cabaret du Rat Blanc .... M. Mario.
287. Le Mystère des Ruines .... D. Ramières.
288. Le Prisonnier du Souterrain .... D. Ramières.
289. Les Petits Chanteurs des Rues .... J. Fabien.
290. Le Mystérieux Mage .... J. Fabien.
291. Au milieu des Lions .... J. Fabien.
292. Un Duel à l'Américaine .... J. Fabien.
293. La Sorcière Jaune .... J. Fabien.
294. Kaleb, le Fakir .... J. Fabien.
295. Les Hommes-Serpents .... J. Fabien.
296. Perdus dans la Neige .... J. Fabien.
297. Les Eclaireurs Rouges .... A. Romagny.
298. L'Automobile blindée .... A. Romagny.
299. Les Champs d'Or de l'Urubu .... J. Moselli.
300. Les Cachots de la Faim .... J. Moselli.
301. L'Antre des Crabes Géants .... J. Moselli.
302. Le Poison des Vaudoux .... J. Moselli.
303. Les Esclaves de la Cité de l'Or .... J. Moselli.
304. Le Trésorier du Bagne .... J. Moselli.
305. Les Prisonniers de l'Océan .... J. Moselli.
306. La Vengeance du Forçat .... J. Moselli.
367. Les Yeux d'acier .... P. Adam.
308. Dans les Eaux polaires .... P. Adam.
309. L'Ile Mécanique .... P. Adam.
310. La Marche à la Navaja .... P. Adam.
311. Les Aventures de Coucou .... G. Choquet.
312. Le Gouffre aux serpents .... G. Choquet.
313. Les Cœurs Sanglants .... G. Choquet.
314. Thomas, Balle-Sûre .... G. Choquet.
315. Le Sachem des « Bonnets-Noirs » .... G. Choquet.
316. La Ville Morte .... G. Choquet.
317. L'Empire de la Sierra .... F. d'Argelles.
318. L'Automobile d'or .... F. d'Argelles.
319. Les Requins du Pacifique .... J. Moselli.
320. Le Trésor de l'Orpheline .... J. Moselli.
321. Les Cannibales des Mers du Sud .... J. Moselli.
322. La Justice des Requins .... J. Moselli.
323. Pédro, le Tueur d'Hommes .... G. Choquet.
324. La Guerre dans la Prairie .... G. Choquet.
325. La Taverne des Chutes .... G. Choquet.
326. Le Nain au Collier du Chien .... G. Choquet.
327. L'Agonie d'une Race .... G. Choquet.
328. Les Drames de l'Amazone .... G. Choquet.
329. Perdu dans la Forêt Vierge .... G. Choquet.
330. Le Château du Lac .... G. Choquet.

(Voir la suite sur la couverture, page extérieure.)

LES MYSTÈRES DE LA MER DE CORAIL

AUX PRISES AVEC LES CANNIBALES

En recherchant la goélette Malaïta perdue dans la mer de corail et qu'ils croient contenir un riche chargement, le capitaine Mortimer et son ami François Bontemps, qu'aident le mousse Barnaby Cringle et le matelot tahitien Teao, ont été faits prisonniers par l'Allemand Krapfl qui recherche également la Malaïta. Krapfl torture en vain Mortimer pour se faire dire où est l'épave. Les prisonniers sont délivrés par le Chinois Wung-Hi, une autre victime de Krapfl, qui fuit avec eux. Les fugitifs se réfugient chez le colon français Garnier, sur la côte d'une île des Nouvelles-Hébrides. Wung-Hi révèle alors à Mortimer que la Malaïta ne recèle aucun trésor, mais qu'elle a naufragé au même endroit qu'une jonque chinoise, chargée de barres d'or et d'argent, et dont lui, Wung-Hi, est le seul survivant ; il ignore malheureusement l'endroit exact du naufrage. Krapfl, après avoir vainement sommé Garnier de lui livrer ses hôtes, revient avec une forte troupe de Cannibales armés en guerre qui, la nuit venue, assaillent l'habitation du colon. Leur première attaque est repoussée grâce à une mitrailleuse. Mais, tandis que Garnier panse ses hommes blessés, la mitrailleuse se fait entendre de nouveau : c'est l'attaque qui reprend !

CHAPITRE PREMIER

Ayant levé la tête, ils distinguèrent de longues traînées rouges zébrant le ciel noir.

— Oh ! exclama François Bontemps. Ce sont...

C'étaient des flèches enflammées ! A la seconde qui suivit, plusieurs d'entre elles s'abattirent à l'intérieur de la palissade, tout autour du hangar à coprah, tuant et blessant plusieurs des Canaques de Garnier. Des hurlements, poussés par les camarades des hommes atteints, retentirent.

— Les démons ! Ils veulent nous griller vifs ! grommela Garnier en s'élançant vers l'échelle. Je vous laisse le soin, messieurs ! Je vais voir ce qui se passe en bas !

Il disparut. Les flèches, de plus en plus nombreuses, tombaient comme grêle. Elles devaient être lancées par des Cannibales dissimulés dans les buissons avoisinants et qu'ils avaient sans doute pu atteindre grâce à l'obscurité.

Mortimer, qui avait bondi à sa mitrailleuse, entreprit *d'arroser* les moindres fourrés, et eut presque aussitôt la satisfaction de constater que l'intensité du tir diminuait notablement.

Un cri retentit non loin de lui. Il tourna la tête et vit Togomy, le guetteur canaque, s'abattre de son perchoir en portant les mains à sa poitrine où venait de s'enfoncer une flèche enflammée.

— Bontemps ! Voyez un peu ! s'écria Mortimer. Et toi, vite, une bande, Wung !

Le Chinois, que la terreur rendait hagard, tendit l'objet demandé à Mortimer, cependant que François Bontemps, lâchant sa carabine, s'élançait vers Togomy.

L'infortuné devait avoir eu le cœur atteint, car il vomissait abondamment le sang et se débattait dans les affres de l'agonie. Dans un dernier spasme, il arracha la flèche lui trouant la poitrine et retomba en arrière : mort. François, vivement, saisit l'engin qui avait glissé de la main inerte du Canaque. C'était une longue flèche, mesurant près de quatre-vingts centimètres ; à quelque distance de l'empennage, un mince tube de cuivre criblé de petits trous était fixé à l'aide de fils de fer ; il contenait le mélange incendiaire, vraisemblablement composé de poix et de poudre, et qui brûlait en dardant de minces jets rouges.

François Bontemps essaya de l'éteindre en l'écrasant sous son talon — mais il ne réussit qu'à brûler sa chaussure ! Et déjà, le bois du plancher, attaqué par la flamme, semblait prêt à prendre feu. François, furieux, saisit la flèche et la jeta par-dessus la balustrade, puis recommença à tirer.

Par bonheur, aucune autre flèche n'était encore tombée sur la terrasse. Mais ce malheur pouvait advenir d'une minute à l'autre.

François Bontemps rejoignit Teao et Barnaby Cringle qui, debout, appuyés à la rambarde, tiraillaient sans paraître ni voir ni entendre les projectiles qui volaient autour d'eux, et, à leur exemple, essaya d'atteindre les ennemis invisibles qu'il sentait rôder autour de la palissade.

Car, au delà de la zone illuminée par les lampes à acétylène, c'étaient les ténèbres épaisses où l'œil avait peine à distinguer de très vagues taches noires : buissons, Cannibales blessés ou simples ombres. Pour viser avec quelque chance de succès, il fallait guetter et observer l'endroit d'où partaient les flèches incendiaires, et tirer ensuite au petit bonheur.

En bas, dans l'espace compris entre la barrière de bambous et le hangar, les cris croissaient. De nombreux Canaques avaient dû être atteints. Ces clameurs augmentèrent soudain d'intensité, tandis qu'une intense clarté jaune luttait tout à coup avec les lueurs blanches des lampes à acétylène.

Mortimer et ses compagnons se retournèrent et comprirent tout : le bungalow, atteint par plusieurs flèches, venait de prendre feu ! En quelques secondes, les flammes l'entourèrent, léchèrent ses murailles, jaillirent de toutes les ouvertures, accompagnées de milliards d'étincelles rouges et d'épais tourbillons de fumée. Le craquement du bois se mêla aux clameurs de rage des Canaques et aux détonations des fusils et de la mitrailleuse. Les flèches enflammées grêlèrent, de plus en plus nombreuses.

— Il faut aller voir ce qui se passe ! s'écria François Bontemps en étreignant rageusement son fusil dont il comprenait l'inutilité.

Malgré l'infernal vacarme, Mortimer l'entendit :

— Non ! Restez ici, Bontemps ! Je ne crois pas qu'il y ait quelque chose à faire. Et puis, Garnier est en bas : il verra, lui, et nous appellera, s'il y a lieu ! Ne bougez pas d'ici ; j'ai idée que Krapfl et ses Cannibales vont essayer de profiter de l'incendie pour donner l'assaut !... Du calme, Wung ! Et dépêche-toi de garnir les bandes, si tu ne veux pas que je te casse la tête !

Le Céleste qui, doucement, essayait de se rapprocher de la trappe, s'arrêta net :

— Moi, beaucoup soif ! s'excusa-t-il. Aller chercher de l'eau..

— Je vais t'envoyer en chercher en enfer ! grommela Mortimer qui, se penchant vers le Céleste, le souleva comme un paquet et le laissa retomber le long du coffre contenant les cartouches.

Une tempête de hurlements sauvages ébranla l'air : les flèches enflammées cessèrent brusquement de pleuvoir et furent remplacées par d'autres projectiles de même nature, mais plus courts et ne comportant pas de dispositif incendiaire ; de nombreuses balles, accompagnant ces flèches, sifflèrent aux oreilles des assiégés.

Mortimer et ses compagnons, malgré l'obscurité, entrevirent d'innombrables taches noires qui se mouvaient dans l'ombre.

— Les voilà ! Feu, feu, feu ! clama François Bontemps en déchargeant sa carabine dans la direction des assaillants.

Non loin de lui, la mitrailleuse manœuvrée par Mortimer crépita. Les clameurs des Cannibales s'accompagnèrent de stridents cris de douleur et de râles : carabines et mitrailleuse faisaient bonne besogne.

Mais les féroces Ouaméras, maintenant, étaient lancés. Par petits groupes, ils apparurent soudain dans la zone de clarté, galopant éperdument en brandissant les carabines, arcs, javelines, casse-têtes et autres engins dont ils étaient munis. Quelques-uns tenaient de petits boucliers au-dessus de leur tête, bien que ces frêles abris faits de roseaux finement tressés ne constituassent aucune protection.

La mitrailleuse, qui tirait sans discontinuer faucha plus de la moitié d'entre eux, mais les survivants, emportés par leur élan, ne furent bientôt plus qu'à quelques mètres de la barricade de bambous.

— Descendons ! clama Mortimer, abandonnant sa mitrailleuse qui, maintenant, ne pouvait plus tirer, les assaillants étant trop près.

— En avant ! répéta François Bontemps en déchargeant les deux dernières balles se trouvant encore dans le canon de sa carabine.

Au côté de Mortimer, le jeune Français dégringola l'étroite échelle, suivi de Teao, de Barnaby Cringle et de deux Canaques, les seuls encore vivants des quatre chargés de l'entretien des lampes.

Car il n'est pas besoin de dire que Wung-Hi ne bougea pas et se contenta de s'aplatir sur le plancher, pour éviter les divers projectiles qui sillonnaient les airs de toutes parts.

Dans le vaste espace libre séparant le hangar à coprah de la barrière de bambous, c'était un spectacle indescriptible : les Canaques, affolés, couraient de tous côtés, écrasant sous leurs pieds leurs camarades blessés qui hurlaient vainement.

Mortimer et ses compagnons, tournant les yeux vers le bungalow, qui flambait toujours, aperçurent Garnier, qui, aidé d'une dizaine de noirs, s'efforçait d'éteindre l'incendie à l'aide d'une pompe à bras reliée à la citerne installée sous les combles d'une petite bâtisse voisine qui servait de hangar à outils. Mais le peu d'eau qui arrivait était manifestement suffisant pour noyer l'incendie, lequel faisait rage. Garnier, tout à sa tâche, ne se rendait pas compte de la situation ; en apercevant Mortimer et les autres qui accouraient, il se tourna vers eux, l'air interrogatif.

— Alerte ! Laissez ça ! lui cria l'ancien capitaine du *Rainbow*. Voilà les Ouaméras qui arrivent !

— Et la mitrailleuse ? Coincée ? questionna le trader en continuant d'arroser le brasier.

— Non. Mais les Cannibales sont trop près pour pouvoir s'en servir utilement, maintenant ! Il faut tenter une sortie ou tout est perdu !

Cette fois, Garnier comprit. Lâchant sa lance, il leva les bras au ciel et poussa un blasphème étouffé :

— Le hangar... plein de coprah ! murmura-t-il. Tout ça va brûler ! Enfin ! Tant pis !

Ce fut sa seule plainte, et pourtant, si le feu se communiquait au hangar et brûlait le coprah, c'était la ruine pour l'infortuné, ruine complète et sans espoir de relèvement... Toute la récolte de l'année était entreposée dans le hangar et sa vente devait permettre à Garnier de continuer son exploitation. Ses bâtiments détruits, son coprah en cendres, il ne lui resterait plus qu'à chercher un emploi chez quelque trader du voisinage — si on ne le trouvait pas trop vieux.

Toutes ces pensées durent l'assaillir, tandis qu'il décrochait rapidement la carabine suspendue à son épaule.

— Maluraï ! Le Menteur ! Tortue ! Kevali ! Toto ! Don Quichotte ! hurla-t-il. Ici, mes braves ! Rassemblez vos hommes et arrivez ! Nous allons couper la tête à tous ces « sauvages » !

Les six chefs canaques à qui s'adressaient ces paroles y répondirent par des acclamations : évidemment, ils étaient très heureux d'aller couper les têtes des « sauvages ». Criant, hurlant, vociférant, ils eurent tôt fait de réunir la centaine de noirs encore solides qui commençaient déjà à se débander.

— Dépêchons ! Dépêchons ! grommela Mortimer, car des coups violents commençaient à ébranler la palissade.

Parmi les ronflements de l'incendie, les cris des Cannibales, les râles des blessés que dominaient les détonations des fusils, les Canaques, sous l'impulsion de leurs chefs d'équipe et celle de Garnier, Mortimer et François Bontemps, se massèrent vivement vers le point de la palissade menacée.

Sur l'ordre de Garnier, quatre solides Canaques, armés de haches, ouvrirent brusquement une large brèche dans les bambous. Ceux-ci, déjà entamés de l'extérieur, s'écroulèrent en peu d'instants.

Garnier, Mortimer et la troupe des Canaques, s'élancèrent au dehors par l'ouverture et se ruèrent vers les Cannibales qui, malgré leur excitation, avaient légèrement reculé, craignant quelque piège.

Presque immédiatement, les deux partis en vinrent aux mains. Mortimer, Garnier, Barnaby Cringle, Teao et François Bontemps, ayant déchargé leurs carabines, ne prirent pas le temps d'y introduire de nouvelles cartouches, et, s'en servant comme de massues, foncèrent parmi les Cannibales ; les Canaques de Garnier, électrisés par cet exemple, s'élancèrent vaillamment à la suite du trader.

En quelques secondes, la mêlée fut à son comble ; les clameurs et les glapissements redoublèrent, tandis que les détonations se faisaient plus rares : la bataille ne fut plus qu'une série de combats singuliers, acharnés, où toute arme était bonne.

Barnaby Cringle, ayant brisé la crosse de sa carabine sur le crâne d'un des alliés de Krapfl, avait arraché à sa victime un sabre de marine d'ancien modèle — venu aux Nouvelles-Hébrides, Dieu seul eût pu dire après quelles aventures — et, le tenant à deux mains, tel un chevalier sa colichemarde, lui faisait décrire de terribles moulinets qui faisaient reculer les Cannibales.

Mortimer, lui aussi, s'était séparé de sa carabine qu'il jugeait sans doute trop légère ; il s'était emparé d'une longue zagaie à pointe barbelée et en portait à la ronde des coups violents bien que méthodiques, choisissant l'ennemi qu'il voulait abattre et choisissant même l'endroit où il voulait l'atteindre. Tous ses coups portaient et une chance incroyable semblait le protéger, car bien que les Cannibales dirigeassent sur lui une pluie de projectiles de toutes sortes, il était indemne.

Garnier, entouré d'une douzaine de ses hommes, faisait lui aussi bonne besogne. Il se battait, lui, avec des revolvers que deux noirs, placés à ses côtés, chargeaient sans relâche et lui tendaient à mesure. Et le trader avançait lentement, suivi de ses fidèles, laissant derrière lui un sillage de morts et de blessés.

Le combat durait depuis dix minutes environ, et les Cannibales, malgré leur supériorité de nombre, commençaient à plier, lorsque des coups de feu retentirent dans la direction du bois de cocotiers : c'étaient Krapfl, Rudolf Storff et une demi-douzaine de marins de l'*Odin* qui arrivaient à la rescousse, suivis de plus de cent Cannibales hurlant à la mort. L'apparition de ces renforts redonna un nouveau courage aux assaillants en même temps qu'elle terrifia les Canaques de Garnier.

Malgré les cris d'encouragement du trader, ses noirs ne le suivirent plus et même firent mine de reculer. Garnier les connaissait assez pour savoir qu'une fois arrêtés, rien ne pourrait plus les faire revenir au combat. Il se résigna, la rage au cœur.

— Monsieur Mortimer ! cria-t-il. En arrière ! Vous allez vous faire prendre ! En arrière !

L'ancien capitaine du *Rainbow* abattit un nouvel ennemi qui tentait de le décapiter, puis, sans répondre, embrassa d'un regard le champ de bataille : non loin de lui, le vaillant Barnaby Cringle, le pansement recouvrant son visage rouge de sang, se débattait contre cinq Cannibales qui essayaient de le percer de leurs zagaies ; grâce à ses furieux moulinets, il parvenait encore à les tenir à distance, grâce surtout à ce que les Ouaméras, obéissant à des ordres, s'efforçaient de le blesser seulement, sans le tuer. Mais il était facile à voir que le mousse, malgré sa bravoure et son courage, ne pourrait tenir encore longtemps.

Teao ? François Bontemps ? Mortimer les chercha vainement des yeux ; ils avaient disparu : tués sans doute, ou prisonniers et entraînés hors du champ de bataille.

— J'arrive ici ! cria Mortimer en se tournant vers Garnier qui, déjà, reculait vers le rempart. Tenez encore une minute !

Et l'ancien capitaine du *Rainbow*, en une ruée furieuse, s'élança vers Barnaby Cringle, transperça coup sur coup deux des Cannibales qui assaillaient le mousse et, l'ayant rejoint, lui cria :

— Suis-moi ! Et ouvre l'œil !

— Alors, on recule, captain ? cria le mousse, indigné.

— Oui. Arrive ! fit Mortimer en même temps qu'il faisait éclater le crâne d'un ennemi sous le choc de sa zagaie.

Puis, ayant Barnaby à son côté, il se replia lentement vers le hangar. Les Cannibales, rendus prudents, ne tentèrent pas sérieusement d'entraver la retraite du mousse et de son compagnon qui, en quelques instants, eurent rejoint Garnier.

— Ça va mal : la retraite est coupée ! grommela le trader en les voyant.

CHAPITRE II

LA MITRAILLEUSE

Dès le premier instant de leur connaissance, Mortimer avait apprécié Garnier. Il savait que c'était un homme qui ne parlait pas à la légère. Sans répondre, il regarda autour de lui et constata que le trader n'avait pas exagéré. Entre la troupe des Canaques de Garnier et la palissade entourant l'établissement du trader, un parti de cannibales fort d'une centaine d'hommes venait de s'insinuer. Un certain nombre d'entre eux s'efforçaient de franchir le rempart qu'une poignée de Canaques défendaient désespérément.

— C'est sérieux ! murmura Mortimer, sans s'émotionner. Il faut absolument que nous regagnions le bungalow !

— Nous avons eu tort de tenter cette sortie, grommela Garnier ; mais qui aurait pensé que Krapfl avait une troupe de Cannibales en réserve ?

Mortimer eut un léger haussement d'épaules, comme pour indiquer que c'était là un événement ordinaire en guerre.

— Faisons pour le mieux ! conclut-il en s'élançant vers les assaillants.

Car, tandis que les deux hommes échangeaient ces quelques phrases, le combat continuait à faire rage. Autour des Canaques de Garnier, le cercle des Cannibales se rétrécissait. Les Ouaméras, enhardis par le secours qui venait de leur arriver, redoublaient leurs attaques en poussant de longs hurlements.

Derrière eux, Rudolf Storff et plusieurs matelots allemands de l'*Odin*, tout en se tenant à une distance respectable, faisaient pleuvoir les balles de leurs carabines sur les Canaques du trader, augmentant encore leur démoralisation.

— Don Quichotte ! Toto ! Le Menteur ! clama Garnier. En avant, mes enfants ! Passons sur les corps de ces *sauvages* et regagnons la maison ! Nous sommes sûrs de vaincre !

Hélas ! Les Canaques ne semblaient pas en être sûrs, eux ! Le Menteur, Don Quichotte et Toto répétèrent sans enthousiasme les paroles du trader et, derrière lui, tentèrent de se frayer un passage vers la clôture de bambous, cependant que Mortimer, Barnaby

En quelques secondes, une demi-douzaine d'anthropophages s'écroulaient.

Cringle et un second groupe de noirs s'efforçaient de contenir le gros des assaillants.

Trois fois, Garnier et ses Canaques foncèrent à travers les Ouaméras. En vain ! Krapfl, qui avait bien jugé la situation, envoyait renforts sur renforts à la troupe chargée d'isoler le trader de son habitation. Garnier et ses hommes, après avoir amoncelé les cadavres autour d'eux et s'être fait décimer, durent reculer et se replier vers Mortimer et sa troupe.

— C'est fini ! haleta Garnier, dont le costume de toile blanche était imbibé de sang. Le passage est barré !... Et... le hangar à coprah flambe !...

Il disait vrai : une énorme colonne de flammes jaunes que couronnaient des tourbillons d'épaisse fumée venait tout à coup de jaillir au-dessus du hangard à coprah, éclairant violemment le champ de bataille. C'était la fin, cette fois !

Des clameurs de joie féroce, poussées par les Ouaméras, saluèrent ce nouvel incendie.

— En avant ! En avant ! Fonçons dedans ! gronda Garnier, et, avec l'impétuosité du désespoir, il se rua vers les Cannibales. Son élan fut si soudain, que les Ouaméras, surpris, firent mine de reculer.

Garnier, sans leur laisser le temps de se ressaisir, brûla à bout portant la cervelle d'un gigantesque noir, lui arracha le casse-tête composé d'un bloc de silex emmanché dont il était armé, et, tête baissée, fit tournoyer furieusement la masse de pierre autour de lui.

En quelques secondes, une demi-douzaine d'anthropophages s'écroulèrent, le crâne écrasé par cette arme sauvage. Leurs compagnons, terrifiés, reculèrent, cependant que les Canaques du trader reprenaient courage.

— En avant ! répéta Garnier, qui, tournant la tête, vit que, cette fois, il était suivi.

A son exemple, ses hommes reprirent l'attaque. Les Ouaméras continuèrent à reculer et, brusquement, leurs rangs s'ouvrirent.

— A moi ! Nous passons ! En avant ! clama encore Garnier. Nous...

Sa voix s'arrêta dans sa gorge : d'un des massifs d'arbustes éparpillés dans la plaine, une grêle de flèches siffla.

Autour du trader, les hommes tombèrent en râlant. Ceux qui étaient indemnes s'arrêtèrent net, et, pendant quelques secondes, Garnier se trouva isolé, entre ses troupes et les Cannibales. Il eut un geste de rage, broya d'un coup de son arme la tête d'un Ouaméras qui s'approchait pour le percer de sa lance et recula jusqu'à ce qu'il eût rejoint ses hommes.

Les Ouaméras en profitèrent pour se reformer. Garnier jeta un coup d'œil autour de lui. A vingt ou trente mètres plus loin, Mortimer, Barnaby Cringle et le second couple de Canaques continuaient à combattre contre des forces deux fois supérieures. D'un moment à l'autre, les noirs allaient plier et se débander. Garnier connaissait assez les indigènes pour comprendre à leur attitude qu'ils ne résisteraient plus longtemps, maintenant qu'ils ne croyaient plus à la victoire..

Le hangar à coprah flambait comme une gigantesque torche. Partout, la ruine, la mort. Rien à espérer.

Un bizarre sifflement retentit. Les Ouaméras, instantanément, cessèrent leurs clameurs ; mais le vacarme démeure aussi violent. Et Garnier frissonna en entendant les râles de douleur de ses Canaques blessés par la décharge des flèches qui avait arrêté leur élan. Ils devaient souffrir horriblement, car ceux qui pouvaient encore articuler une phrase suppliaient leurs camarades de les achever.

A la clarté rouge de l'incendie, le trader vit que les infortunés se tordaient comme des vers sur la terre sèche. Non loin de lui, Le Menteur et Don Quichotte, atteints chacun par une flèche, s'efforçaient vainement de ramper vers les rangs de leurs camarades.

— Messié Garnier ! clama Le Menteur. Vous, tuer moi... Moi mouri... tout di suite !... Carabine : pan ! pan ! Ça moi... flèche poison ! Mouri ! Mouri ! Vite ! Pas bon ! Ah ! Ouah ! Pas bon !

Garnier comprit. Les Ouaméras employaient des flèches empoisonnées ! Mais la voix rauque de Krapfl, amplifiée par un large mégaphone de cuivre, domina soudain râles et hurlements.

— Monsieur Garnier ! hurla l'Allemand. Il est encore temps de vous rendre et de me livrer mes voleurs ! Je vous promets la vie sauve et vingt mille francs pour vous rembourser les dégâts. Vingt mille francs comptant ! Dépêchez-vous ! Dans dix minutes, il sera trop tard !

Garnier, en proie à une fureur indescriptible, écarquilla les yeux pour essayer de découvrir l'endroit d'où Krapfl parlait. Avec quelle joie il lui aurait envoyé une balle dans la carcasse ! Il lui semblait qu'il eût été consolé de sa ruine ! Mais ce fut en vain qu'il explora les alentours. Dans la zone éclairée par les reflets de l'incendie, il n'aperçut que les Ouaméras, et, derrière eux, aplatis sur le sol, Rudolf Storff et trois ou quatre matelots allemands. Mais une autre voix retentissait — celle d'un des chefs ouaméras :

— Allez-vous-en !... Allez-vous-en !... hurlait-il à l'adresse des Canaques du trader. Nous ne vous voulons pas de mal ! Nous vous jurons de ne pas prendre vos têtes ! Allez ! Nous voulons seulement prendre les blancs maudits ! Fuyez ! Ou restez si vous voulez ! Les grands blancs qui sont avec nous sont puissants ! Ils vous laisseront piller tout ce qui restera ! Et vous serez riches ! Et nous ferons la paix avec vous ! Emparez-vous des...

Celui-là, il se montrait, au moins ! C'était un grand gaillard maigre dont le corps décharné était « orné » d'horribles peintures sur lesquelles coulaient de minces filets de sang, que la lueur de l'incendie faisait briller.

Sans même réfléchir, Garnier, comme un automate, leva le revolver qu'il tenait dans sa main gauche et pressa la détente : l'orateur ouaméras battit l'air de ses bras et s'écroula dans les bras de ses guerriers : la balle du trader lui était entrée dans l'œil.

Un concert de hurlements sauvages retentit. Les Ouaméras, comme enragés par la mort de leur chef, se ruèrent à l'attaque. Les carabines de Mortimer et de Barnaby Cringle claquèrent. La mêlée reprit, plus féroce que jamais.

Plusieurs Canaques, apeurés, firent mine de se débander. Garnier vit tout perdu. Il se précipita parmi ces lâches, et, de son casse-tête, broya le crâne de deux d'entre eux. Les autres, après une courte hésitation, retournèrent au combat.

Maintenant, c'était la fin. Refoulés par le flot sans cesse renouvelé des alliés de Krapfl, le détachement de Canaques commandé par Mortimer et celui de Garnier refluèrent l'un vers l'autre et furent immédiatement cernés.

— Il ne nous reste plus qu'à mourir, fit Mortimer en voyant Garnier s'approcher de lui.

Le trader n'entendit pas et, comme un fou, se rua parmi les Cannibales, son terrible casse-tête tournoyant avec une violence inouïe. De nouveau, les flèches grêlèrent et l'air s'emplit des imprécations des combattants et des râles de souffrances des blessés, accompagnés du ronflement de l'incendie, et que scandaient par instants le claquement des carabines...

Mais soudain, un crépitement sinistre domina le vacarme du combat... Comme fauchés par une invisible main, les rangs des Ouaméras s'éclaircirent tandis que leurs hurlements s'éteignaient...

Garnier, Mortimer, Barnaby Cringle et leurs Canaques, stupéfaits, crurent qu'ils rêvaient... Eclairés par les flammes, ils virent que les Canaques défendant la brèche de la barricade de bambous avaient disparu et qu'à leur place, une mitrailleuse — celle installée auparavant sur le toit du bungalow — montrait sa mince silhouette. Cette mitrailleuse était montée sur une carcasse de bambou que maintenait Teao ; derrière elle, François Bontemps, sans paraître s'apercevoir des flèches qui sifflaient autour de lui, dirigeait méthodiquement son tir.

Ce qui suivit fut rapide. En moins de cinquante secondes, plus des deux tiers des Ouaméras se trouvant entre le rempart et la troupe de Garnier furent abattus. Les survivants, en proie à une folle terreur, s'enfuirent tumultueusement en jetant leurs armes pour courir plus vite.

— C'est Bontemps ! Ah ! le gaillard ! C'est un vrai Français ! s'écria Mortimer, enthousiasmé. *Go on*, Garnier ! C'est le moment !

Encouragement inutile ! Garnier, lui aussi avait compris :

— En avant, en avant ! cria-t-il à ses Canaques.

Aux côtés de Mortimer et de Barnaby Cringle, il se précipita vers la barrière de bambous. Ses Canaques, électrisés par la fuite des Ouaméras, s'élancèrent à sa suite. En quelques instants, la petite troupe eut atteint la brèche et, après avoir escaladé les monceaux de cadavres accumulés devant la barrière, rejoignit François Bontemps et Teao, lesquels avaient dû arrêter leur tir pour ne pas les atteindre.

— Dépêchons ! cria Garnier.

Car les Ouaméras, maintenant que la mitrailleuse s'était tue, revenaient de leur surprise, surtout ceux qui ne s'étaient pas directement trouvés sous le feu de la Maxim.

Précipitamment, Garnier et ses compagnons franchirent la brèche sous une pluie de flèches. Tout aussitôt, François Bontemps remit la mitrailleuse en action. Les Ouaméras qui arrivaient au galop furent décimés par un arrosage soigné.

Ils reculèrent tumultueusement et, presque à la même seconde, l'orage qui s'amassait depuis plusieurs heures creva soudain. Des cataractes de pluie s'abattirent des cieux noirs, cependant qu'un vent violent, venu du Sud, se levait...

— Poursuivons-les !... Poursuivons-les ! cria François Bontemps dont ce furent les premières paroles dès qu'il eût arrêté le crépitement de la Maxim. Profitons de leur désarroi !

— Mais nous ne pouvons pas emporter la mitrailleuse, et ils sont dix fois plus nombreux que nous ! grommela Mortimer.

— La mitrailleuse ? Regardez ! Je l'ai fixée sur ce petit chariot ! Elle pourra très bien nous suivre !

N'en croyant pas leurs yeux, Mortimer, Garnier et Barnaby virent que François disait vrai. Il avait tout simplement attaché la Maxim sur le châssis d'un petit wagonnet roulant sur rails et qui servait au trader à transporter le coprah du hangar à la plage. Or, les Quaméras fuyaient justement le long de l'étroite voie ferrée !

Sans avoir besoin de se consulter, Garnier et ses amis poussèrent immédiatement le véhicule devant eux. Malheureusement, François Bontemps n'avait oublié qu'une chose : c'était que des monceaux de cadavres étaient accumulés sur les rails, presque au ras de la barrière. Impossible au wagonnet d'avancer.

En guise de consolation, François envoya une dernière volée de balles dans la direction des Cannibales en fuite et, le cœur gros, revint sur ses pas.

— Il n'y a qu'à replacer la mitrailleuse sur le toit du bungalow ! dit-il à Garnier. Elle nous servira en cas d'un nouvel assaut...

Le bungalow, en effet, était encore debout, contrairement aux craintes de Garnier : ses murailles, faites de blocs de corail, avaient résisté au feu grâce au sel dont elles étaient imprégnées. Seuls, les meubles et le plancher avaient brûlé.

Il serait facile, sans trop de peine, de construire un rudimentaire plancher que soutiendraient les quatre murs, et d'y placer la mitrailleuse.

Quant au hangar à coprah, l'averse achevait d'éteindre ses débris calcinés.

Garnier, comme pétrifié, insensible à la pluie, regarda les ruines fumantes de son bien. Maintenant, il était complètement ruiné, et plus pauvre que le plus pauvre de ses Canaques, attendu qu'il ne savait pas même comment il leur paierait les gages qu'il leur devait. Cependant, pas une plainte ne sortit de ses lèvres.

— Il faut nous hâter de réparer la barrière et d'installer la mitrailleuse au sommet de ce qui reste du bungalow, dit-il, car nous pouvons être sûrs que Krapfl va recommencer son attaque ! Ne perdons donc pas de temps !

Les Canaques, qui, tout à la joie d'avoir échappé à leurs ennemis, riaient comme des enfants sans penser à ce qui pouvait arriver, furent immédiatement rassemblés. Un certain nombre, dirigés par Garnier, s'occupèrent aussitôt à déblayer les corps amoncelés devant la brèche et à refermer cette dernière, cependant que d'autres profitaient des ténèbres pour aller abattre quelques cocotiers aux alentours, cocotiers qui devaient servir à construire le plancher destiné à supporter la mitrailleuse, au sommet de ce qui restait du bungalow.

Teao, François et Barnaby Cringle, aidés de quelques noirs, entreprirent pendant ce temps de tout préparer pour la construction du plancher.

Ce n'était pas un travail facile, sous l'averse et dans les ténèbres. Entre les quatre murs du bungalow, c'était un amoncellement de poutres calcinées, de meubles aux trois quarts brûlés, d'objets déformés par le feu et de débris de toutes sortes. Des blocs de corail s'étaient détachés des murailles et s'étaient amoncelés avec des plâtras et des carreaux de ciment tombés de la terrasse. Guidés par Teao, François et Barnaby, les Canaques travaillèrent avec ardeur.

Mortimer, lui, s'était perché sur l'angle formé par deux des murailles du bungalow et, de là, observait les Ouaméras à l'aide d'une paire de jumelles prêtées par Garnier. Il essayait d'observer, serait-il plus véridique de dire, car les Cannibales avaient de nouveau disparu dans le petit bois de cocotiers d'où ils étaient partis à l'attaque.

Aussi loin que la vue pouvait s'étendre, c'est-à-dire dans un rayon très court à cause des épaisses ténèbres, seuls étaient restés sur le terrain les morts et les blessés des deux camps, et que personne ne se souciait de recueillir par crainte de quelque piège...

Un cri aigu retentit soudain dans l'obscurité et fit tressaillir les défenseurs du bungalow : était-ce le prélude d'une nouvelle attaque des Ouaméras ?

Précipitamment, François Bontemps, aidé de Teao et de Barnaby Cringle, entreprit de hisser la mitrailleuse sur une des murailles du bungalow...

CHAPITRE III

CONSEIL DE GUERRE

— Je vais voir ce qui se passe ! fit Garnier. C'est peut-être un des hommes chargés de couper les cocotiers qui a crié...

— C'est du côté du talus ! le renseigna Mortimer. Il me semble que j'ai vu bouger ! Mais faites attention : Vous avez votre revolver, hein ?

— Oui. Ne vous inquiétez pas de moi ! conclut le trader qui, bravement, franchit la petite porte percée dans la clôture de bambous et disparut dans les ténèbres. Presque aussitôt, Mortimer, François Bontemps et Barnaby Cringle entendirent un éclat de rire sonore.

— C'est le Chinois ! cria Garnier. L'animal s'est empêtré dans un buisson épineux et ne peut plus en sortir ! Envoyez-moi vite deux hommes pour m'aider à le tirer de là !

Deux Canaques rejoignirent immédiatement Garnier. Quelques instants plus tard, le trader fut de retour, poussant devant lui Wung-Hi, lequel était plus mort que vif et tremblait violemment :

— Moi tuer beaucoup de *sauvasses !* affirma-t-il avec une mauvaise foi sans exemple.

La vérité est qu'il avait profité du trouble causé par l'incendie du bungalow pour échapper à la surveillance de Mortimer et tenter de fuir.

Après avoir failli être massacré par les Cannibales, il avait réussi, grâce à l'obscurité, à leur échapper et s'était jeté dans un épais buisson épineux pour y attendre une meilleure occasion

Lorsque le combat avait cessé, Wung-Ili, après un coup d'œil prudent, avait essayé de quitter sa cachette et, n'y parvenant pas, avait appelé au secours sans se douter que son cri inquiéterait ses compagnons.

Garnier, sans vouloir écouter ses astucieuses et impudentes explications, lui lança un coup de pied au bas des reins et lui ordonna d'aider les Canaques à consolider la barrière de bambous. Il obéit en geignant.

Entre temps, la mitrailleuse venait d'être hissée au sommet des ruines du bungalow.

Sous l'averse qui tombait toujours avec la même violence, François Bontemps, Barnaby et Teao calèrent tant bien que mal la Maxim à l'aide de bambous et de cordes et y introduisirent une bande de cartouches, la dernière qui leur restât.

Dans le bois voisin, les Cannibales continuaient à ne pas donner signe de vie ; mais, à travers les troncs tordus des cocotiers, les occupants du bungalow pouvaient distinguer, à la lueur des éclairs, des ombres qui se mouvaient.

Krapfl devait sûrement préparer quelque nouvelle machination...

Après deux heures d'absence, les Canaques chargés d'abattre des cocotiers furent de retour ; ils apportaient une douzaine de troncs encore munis de leurs palmes, qui furent immédiatement hissés au sommet des murailles du bungalow et disposés horizontalement.

Garnier et ses Canaques les recouvrirent ensuite de tout ce qu'ils purent trouver comme planches, de façon à former une sorte de terrasse où les assiégés s'installèrent. Des sentinelles furent postées à chaque angle ; d'autres factionnaires veillèrent, perchés sur des échelles appuyées en dedans des défenses de bambou, et les autres Canaques eurent la permission de se reposer. Ils s'étendirent à l'abri du plancher édifié sur les murailles du bungalow.

Etroitement groupés auprès de la mitrailleuse, Garnier, Mortimer, François Bontemps, Barnaby Cringle et Teao tinrent conseil sur la situation. Mortimer parla le premier :

— De toute évidence, nous allons être attaqués d'un moment à l'autre. Il convient donc de tout prévoir, car nous n'aurons pas deux fois la chance de surprendre nos ennemis avec la mitrailleuse, d'autant plus qu'il ne nous reste pour ainsi dire plus de cartouches. Une bande, je crois ? N'est-ce pas, Bontemps ?

— Exactement ! fit François.

— Mais, il y en a d'autres ! s'écria Garnier. Attendez ! Je vais aller les chercher ! Elles sont dans le cellier... Le feu n'a pas dû les atteindre, autrement nous aurions entendu l'explosion ! Il y a également des armes...

— Et des provisions ? demanda Mortimer.

— Pas grand'chose : quelques caisses de conserves ; je me nourrissais surtout avec les produits du pays.

— Mauvais, cela. Et de l'eau ?

— La grande cuve de bois servant de citerne, qui se trouvait à côté du hangar à coprah est détruite, mais nous pouvons profiter de l'averse pour étendre des toiles et recueillir autant d'eau qu'il en faudra. Il y a des bâches dans le cellier ; je les apporterai avec les caisses de cartouches !

— C'est cela ! Mais faites vite ! conclut Mortimer.

Sans mot dire, le trader se laissa

Wung-Hi était plus mort que vif.

glisser le long du tronc de cocotier entaillé servant d'échelle, et disparut dans les ténèbres.

Pendant les minutes qui suivirent, Mortimer et ses compagnons, têtes baissées sous les trombes d'eau dévalant du ciel noir, restèrent silencieux, à réfléchir.

L'orage continuait à se déchaîner ; le vent soufflait par rafales, courbant les cocotiers qui se tordaient sous l'effort ; par instants, de larges éclairs violets rayaient les nues, cependant que de formidables coups de tonnerre retentissaient, terrifiant les Canaques qui poussaient des clameurs d'épouvante.

Le moment n'était guère choisi pour une attaque, c'était ce qui expliquait l'inaction de Krapfl et de ses dignes alliés.

Garnier revint après trois quarts d'heure d'absence. Il était accompagné de plusieurs Canaques qui déposèrent six caisses sur la terrasse. Cinq d'entre elles contenaient des cartouches, la sixième, des boîtes de corned-beef.

— Voilà tout ce que j'ai pu trouver ! déclara Garnier, qui dut hurler pour se faire entendre. Les autres provisions ont été pillées par les Canaques pendant la bataille... On va apporter des bâches ; elles sont intactes, heureusement !

Les caisses de cartouches furent immédiatement ouvertes ; leur contenu était en bon état ; les Ouaméras, maintenant, pouvaient venir : ils seraient reçus ! D'autres Canaques arrivèrent, apportant les bâches.

Deux d'entre elles furent attachées à des piquets par les quatre coins, de façon à former de larges poches destinées à être remplies par la pluie, ce qui ne tarda pas. Sur les indications de Mortimer, un large prélart fut suspendu par le milieu à un bambou fixé horizontalement sur deux tréteaux et constitua une rudimentaire tente sous laquelle le trader et ses hôtes purent un peu s'abriter de la pluie.

— C'est tout ce qu'il y a comme provisions, cette caisse de corned-beef ? demanda l'ancien capitaine du *Rainbow*.

— Tout ! répondit Garnier. Les Canaques ont volé tout le reste, c'est-à-dire pas grand'chose, d'ailleurs !

— Et votre goélette, quand comptez-vous qu'elle arrivera ?

— Hum... Avec ce temps-là, Jabert (c'est le nom du capitaine) préférera se tenir au large que de risquer de se jeter à la côte ! car il n'y a ni phares, ni balises dans ce pays béni, et les cartes sont plutôt incomplètes ! Alors, les marins doivent être prudents...

— Ce qui veut dire que votre goélette n'est pas encore ici, fit Mortimer.

— Ça dépend où elle se trouve en ce moment... Mais je crois qu'il serait raisonnable de ne pas l'attendre avant cinq ou six jours...

— Combien d'équipage à bord ?

— Six hommes : deux blancs et quatre matelots canaques.

— Comme armes ?

— Quelques fusils et revolvers.

— Autrement dit, moins que rien ! Ce n'est pas avec cette aide que nous viendrons à bout de Krapfl et de ses Cannibales. D'autre part, en admettant que nous puissions résister à leurs attaques, nos provisions seront vite épuisées. Il faut donc aviser... Peut-on trouver quelque secours à proximité ?

— Pas grand'chose... Le colon le

plus proche, M. Pardeux, se trouve à plus de trente milles dans l'est, et je ne sais s'il vaut la peine de lui demander quelques-uns de ses Canaques, attendu que ceux-ci sont très indisciplinés et qu'ils se sont même révoltés, il y a deux mois.

— Donc, aucun secours à attendre ! Il faut cependant décider ce que nous ferons pour ne pas être surpris par les événements ! Que chacun dise son idée ! La tienne, Barnaby ?

Le mousse se gratta la tête :

— Vous savez, moi, captain, parvint-il à articuler à travers ses pansements imbibés d'eau, je ne suis pas fixé ! Je crois qu'on ferait bien d'appareiller de cette cambuse, vu qu'elle est à moitié brûlée, et d'aller chercher abri ailleurs — après avoir démoli ces damnés *Cannibales* et les mangeurs de choucroute qui sont avec eux. Voilà mon idée, à moi !

— Elle est excellente, approuva Mortimer, sauf que tu oublies de nous dire où nous devrons trouver un abri et de nous expliquer comment nous pourrons nous débarrasser de Krapfl et de ses alliés !

— Dame ! Je n'en sais rien, captain ! avoua le brave mousse.

— Je t'avoue que je n'en sais pas plus que toi là-dessus ! Et toi, Teao ? Ton avis ?

Le Tahitien, modestement, déclara qu'il se rangeait d'avance à ce que l'on déciderait. Mortimer, sans insister, invita François Bontemps à parler.

— Je pense, qu'en restant ici, nous risquons d'être pris comme dans une souricière ! déclara François. Le mieux, je crois, serait tout simplement de profiter de l'orage et des ténèbres et d'essayer de filer sans que les Allemands et leurs acolytes s'en doutent.

« Nous essaierons de gagner le plus proche établissement européen de la côte où Krapfl, malgré toute son audace, n'oserait sûrement pas nous poursuivre !

— Il faudrait savoir à quelle distance se trouve le plus proche établissement européen ! fit Mortimer.

— C'est Luganville ! déclara Garnier. A quarante kilomètres d'ici. Il y a deux chemins pour s'y rendre. L'un, impraticable, à travers la forêt ; l'autre suit la côte... Il y a même des grottes non loin d'ici où nous pourrions nous barricader en cas de poursuite, et y attendre l'arrivée de la *Liane*....

— La *Liane* ? demanda Mortimer.

— C'est aussi le nom de ma goélette. Sitôt qu'elle serait en vue, nous attirerions l'attention du capitaine en tirant des coups de fusil et...

— Nous attirerons également l'attention de Krapfl et de ses Cannibales qui essaieront de s'emparer de votre navire, ce qui aura deux avantages pour eux : celui de posséder un bâtiment et d'éviter que le capitaine de la goélette n'essaie de savoir ce qui s'est passé ici ! observa Mortimer. Mais, c'est votre avis, je suppose, Garnier ?

— Oui. Si Krapfl essaie de s'emparer de la goélette, nous serons là pour l'en empêcher, après tout !

— Pas mal raisonné. Et, pour ma part, je pense que nous n'avons pas le choix. Vous êtes sûrs de vos Canaques ?

— A peu près. Ils ne sont pas très courageux, ni fidèles, mais ils savent parfaitement que, s'ils tombent entre les mains des Ouaméras, leur affaire est réglée, les blessés décapités, les prisonniers engraissés et mangés. Aussi n'essaieront-ils pas de nous fausser compagnie !

— Il faudrait... Hé ! Ça bouge, là-bas ! exclama Mortimer qui, tout en parlant, n'avait pas cessé de surveiller le paysage entre les interstices du prélart.

D'un même élan, François Bontemps, Teao, Garnier et Barnaby Cringle, à son exemple, se dressèrent et se précipitèrent hors de leur abri.

L'orage continuait. A la lueur d'un éclair, Garnier et ses hôtes purent constater qu'aucun ennemi n'était en vue. Du moins apparemment. Entre les rares buissons, c'étaient toujours les mêmes groupes de morts et de blessés dont quelques-uns râlaient faiblement.

— Je ne vois rien ! fit le trader. C'est quelque Cannibale blessé qui aura bougé, à moins que ce ne soit un de ses congénères qui profite de l'obscurité pour tenter d'enrichir sa collection de crânes sans trop de risques.

Nul ne répondit. Mais soudain la mitrailleuse crépita : c'était Mortimer qui venait de la mettre en action. Des hurlements de rage firent écho aux détonations. Un groupe de soi-disant cadavres, atteint par les balles, s'agita. Une vingtaine d'ombres se dressèrent et s'éparpillèrent au galop. Mais les balles de la Maxim rattrapèrent les fuyards dont la presque totalité s'écroula fauchée.

— Cette fois, ils joueront leur rôle au naturel ! grommela Mortimer en arrêtant le tacatac du terrible engin.

De nouveau, le vacarme du vent et de la pluie s'entendit seul.

— Je crois que nous voilà tranquilles pour quelque temps ! conclut l'ancien capitaine du *Rainbow*. Profitons-en pour lever le camp ! Il doit être plus de trois heures du matin. Nous avons à peine deux heures d'obscurité devant nous ! Il n'y a pas un instant à perdre !

« Voulez-vous aller rassembler vos Canaques, Garnier ? Et en faisant le moins de bruit possible, naturellement ! Nous autres, pendant ce temps, nous allons démonter la mitrailleuse.

— Dans cinq minutes nous pourrons partir !

— Entendu ! Nous vous rejoignons de suite !

Les préparatifs furent vite faits. La mitrailleuse et son affût furent chargés sur le dos de deux robustes Canaques ; les bandes de cartouches, réparties en plusieurs colis, furent distribuées entre des noirs de confiance : Mortimer, François, Teao, Garnier et Barnaby Cringle. Les boîtes de corned-beef furent abandonnées, les munitions étant plus utiles que les vivres.

— Nous y sommes ? demanda Mortimer qui, par un accord tacite, avait pris le commandement de la petite troupe.

— Je crois que oui, fit Garnier qui, avec un soupir, ajouta : quand même, c'est dur d'abandonner ainsi le résultat du travail de toute sa vie... Enfin, si c'était à refaire, je le referais !

D'un même élan, François Bontemps et Mortimer saisirent les mains de cet honnête homme et les serrèrent vigoureusement :

— S'il ne dépend que de nous, monsieur Garnier, s'écria François, votre habitation sera relevée, vous en avez ma parole ! Puissions-nous retrouver les richesses de la *Malaita* : en voilà l'emploi tout trouvé !

— Il n'est pas besoin de le dire ! affirma simplement Mortimer. Mais aucune richesse possible ne pourra jamais payer ce que notre hôte a fait pour nous ! Vous êtes un gentleman, Garnier.

Le trader, ému, ne répondit que par un triste hochement de tête : la destruction de son établissement l'avait plus affecté qu'il n'eût pu le dire.

— Je vous remercie, mes amis, murmura-t-il enfin, et je vous souhaite de réussir dans votre entreprise. Mais, pour moi, je ne verrai pas votre succès, j'en ai le pressentiment ! Mes jours sont comptés, maintenant !

Garnier se redressa et, d'une voix conclut :

— Ne perdons pas de temps ! Partons !

Quelques instants plus tard, la petite troupe, composée d'une cinquantaine d'hommes y compris les Canaques, franchissait une des portes percées dans le rempart des bambous du côté opposé au petit bois servant d'abri aux Ouaméras. A ce moment, l'ouragan redoublait de violence. Les fugitifs, éparpillés dans la plaine, purent s'éloigner sans être vus par leurs ennemis.

Vingt minutes durant, ils cheminèrent sous l'averse et purent ainsi atteindre un vase champ de bananiers qui s'étendait à l'est de la plantation.

Arrivé là, Garnier, sur les conseils de Mortimer, rassembla ses Canaques pour être sûr qu'aucun traînard ne restait en arrière, puis, la petite troupe, formée en groupe compact, se dirigea vers les falaises dominant le rivage. Les fugitifs n'en étaient plus qu'à quelques centaines de mètres, lorque des clameurs furieuses arrivèrent jusqu'à eux : leur départ avait été découvert !

CHAPITRE IV

SOUS LES FLÈCHES DES CANNIBALES

Garnier, Mortimer et François Bontemps, qui marchaient côte à côte, s'arrêtèrent. De ses jumelles, le trader essaya en vain de percer les ténèbres. Il ne vit rien. Pourtant, malgré le vacarme du vent et de la pluie, les cris confus des Cannibales s'entendaient distinctement. Ils ne devaient pas être loin, même !

— Pas moyen de rien voir ! grommela le trader. Maudite pluie !

— Si nous ne voyons rien, nos ennemis sont logés à la même enseigne, fit remarquer Mortimer, que son sang-froid n'abandonnait jamais. A nous d'en profiter pour gagner du large !

— Les Ouaméras sont de bons trouveurs de pistes !

— Tant pis. Vous m'avez parlé de grottes qui se trouvent sous les falaises ; sont-elle loin d'ici ?

— A trois milles environ ! mais les Ouaméras les connaissent !

— Peu importe ! à l'aide de notre mitrailleuse, nous tiendrons le coup ! L'important, pour l'instant, est de faire accélérer l'allure de vos Canaques ! je crois qu'ils se sont arrêtés, ma parole !

— Ils crient ! fit observer François Bontemps.

Pendant le bref conciliabule des trois hommes, la petite troupe avait considérablement ralenti.

Mortimer, François et Garnier, têtes

baissées sous la pluie, s'élancèrent au galop vers les Canaques et purent aussitôt constater que les noirs, terrifiés, avaient rompu les rangs ; plusieurs d'entre eux, même, commençaient à jeter leurs charges pour fuir plus librement.

— Chiens lépreux ! Vieilles femmes ! tonna Garnier. Vous voulez donc tous être décapités par les Ouaméras ? Et mangés comme des cochons, tandis que vos frères verront vos têtes sécher devant les huttes de vos ennemis ? C'est cela que vous voulez ? Alors, jetez vos charges ! Fuyez ! Avant une heure, vous serez tous morts ou captifs, et ceux qui parleront de vous cracheront et laveront leurs bouches qui auront prononcé vos noms !

« Tandis que, si vous nous suivez, vous serez à l'abri dans peu de temps dans les grottes d'Obélé et, demain ou après-demain, un navire de guerre avec beaucoup de canons viendra nous délivrer et anéantira toute la race maudite des Ouaméras ! Courage, donc ! Reformez-vous ! Vous êtes avec des blancs et vous savez que des vrais blancs ne sont jamais vaincus !

« Ceux qui sont avec les Ouaméras sont des vagabonds et des voleurs et ils seront tués ou emmenés à Port-Vila, où sont les grands blancs, et on les pendra ! Dépêchez-vous ! Les Ouaméras sont des bêtes puantes et ne peuvent rien contre vous : vous l'avez vu, tout à l'heure ! Ils errent à l'aventure et, s'ils arrivent aux grottes, nous les tuerons tous avec le fusil qui ne s'arrête pas ! En avant !

Ce petit discours haché par les rafales, parut produire une certaine impression sur les Canaques. Presque tous ceux qui avaient jeté leur fardeaux les ramassèrent ; les rangs, tant bien que mal, se reformèrent dans l'obscurité.

Garnier profita immédiatement de ces bonnes dispositions pour passer parmi les noirs et les encourager individuellement par des promesses ; You-You et Calebasse, deux des chefs d'équipe, joignirent leurs paroles aux siennes et, non sans peine, la petite troupe, reconstituée, reprit sa marche vers les falaises. François Bontemps, Teao et Barnaby Cringle se postèrent sur les flancs de la colonne, autant pour maintenir l'ordre que pour prévenir les désertions ; Garnier et Mortimer formèrent l'arrière-garde.

Bien que leurs clameurs continuassent toujours à se faire entendre, les Ouaméras demeuraient invisibles. Mortimer jugea qu'ils devaient avancer à travers les champs de bananiers que la petite troupe avait laissés derrière elle quelques minutes auparavant.

Les fugitifs, maintenant, cheminaient au fond d'une dépression de terrain aboutissant à la mer, entre deux falaises ; autour d'eux, de rares buissons d'arbustes rabougris croissaient sur le sol détrempé. Encore quelques minutes, et le rivage serait atteint ; la défense y deviendrait plus facile, les fugitifs ne risquant plus d'être tournés, puisqu'ils seraient flanqués d'un côté par la falaise à pic et, de l'autre, par l'océan.

— Dépêchons ! Dépêchons ! grommela soudain Mortimer. Garnier ! Criez à vos Canaques de presser l'allure ! Je crois que nos ennemis se rapprochent !

Le trader, de toutes ses forces, hurla des encouragements à l'adresse des noirs. Il criait encore lorsque Mortimer le saisit par l'épaule et l'obligea à se baisser. Il n'était que temps ! Une bordée de flèches passa au-dessus de la tête des deux hommes à qui des hurlements apprirent que plusieurs de leurs Canaques avaient été atteints.

— Il faut voir ce qu'il y a ! s'écria Garnier en se redressant aussitôt.

Mortimer, qui était resté bravement debout, grommela :

— Il y a que les Ouaméras sont à moins de cinq cents mètres derrière nous ! Regardez ces taches noires, là-bas ! Ce sont eux ! Ah ! Ils tirent ! Les Allemands sont avec eux !

Plusieurs détonations, en effet, retentissaient. Elles jetèrent la terreur, terreur irraisonnée, parmi les Canaques. Mortimer et Garnier entendirent des cris d'angoisse, des hurlements, et, malgré l'obscurité, virent que les noirs se débandaient en dépit des efforts de François, Teno et Barnaby Cringle ; ils se précipitèrent vers les fuyards, mais ceux-ci, sans rien entendre, s'éparpillèrent au grand galop et disparurent dans les ténèbres. Mortimer, furieux, empoigna le Canaque chargé de porter la mitrailleuse juste au moment où le noir se débarrassait de la Maxim.

— Veux-tu reprendre ta charge, de suite ! gronda l'ancien capitaine du *Rainbow*.

L'homme, pour toute réponse, tenta de l'éventrer à l'aide du large couteau qu'il portait à la ceinture. Mortimer n'eut que le temps de saisir le poignet de son adversaire ; il lui arracha son arme et lui en ouvrit la gorge. Autour de lui, la débandade s'étendait malgré les objurgations, les cris et les menaces de Garnier. Les Canaques, en proie à une terreur panique, n'écoutaient rien ; en quelques instants, les trois quarts d'entre eux eurent disparu dans les ténèbres.

Les rares restant ne valaient pas mieux ; peut-être la peur était-elle encore plus grande, car elle semblait leur avoir ôté le courage même de fuir ! Et les Ouaméras se rapprochaient de plus en plus ; leurs flèches tombaient çà et là, toujours plus nombreuses et plus serrées ; leurs cris féroces se distinguaient clairement.

— Gagnons les grottes ! s'écria Mortimer, comprenant que tout était inutile. Nous nous y défendrons jusqu'à...

Un cri rauque poussé par Garnier lui coupa la parole. Lui et François Bontemps se précipitèrent vers le trader.

Garnier venait de s'abattre dans la boue.

— J'ai... une flèche... dans le cou, articula le trader d'une voix saccadée. Elle est empoisonnée... Je sens le feu... du poison qui me brûle... Je suis perdu ! Partez vite ! Partez !

— Pas sans vous emporter ! s'écrièrent ensemble François et Mortimer. Levez les bras ! Nous...

— Non ! C'est inutile ! Laissez-moi ! Laissez-moi ! Je ne veux pas vous retarder. Je le savais que... j'allais mourir !... Je le savais ! Oh ! je brûle !... Non ! Laissez-moi ! Je ne vous demande que de me venger ! A... Adieu !

Mortimer et François, qui s'efforçaient de soulever l'infortuné, sentirent qu'il se débattait ; Garnier, d'une secousse violente, échappa à leur étreinte et retomba dans la boue. Et, comme les deux amis, à tâtons, essayaient de le saisir à nouveau, un éclair les aveugla en même temps qu'une détonation les assourdissait : Garnier, se sentant perdu et ne voulant pas retarder la fuite de ceux qui avaient été ses hôtes, venait de se faire sauter la cervelle !

Mortimer et François sentirent que son corps se détendait et devenait flasque.

Mortimer et François sentirent que son corps se détendait et devenait flasque.

— Emportons-le quand même ! s'écria François, frémissant. Nous l'enterrerons quand nous pourrons ! Nous ne devons pas laisser ce héros à la merci des Ouaméras et des Allemands !

— Je le prends sur mon dos, moi ! Je suis plus fort que vous ! déclara Mortimer, péremptoire. Occupez-vous de voir ce que deviennent Barnaby, Teao et le Chinois, et en route vers la plage !

Ce n'était pas le moment de discuter. François Bontemps, sans insister, se précipita vers l'endroit où il voyait des ombres se mouvoir. A leurs voix, il reconnut Teao et Barnaby qui, sans se soucier des flèches ni des balles, s'efforçaient de persuader les rares Canaques restant de reprendre leurs charges qu'ils avaient jetées — sans succès, d'ailleurs. Non loin d'eux, François entendit des gémissements : ils étaient poussés par Wung-Hi qui se lamentait en chinois, en zigzaguant de tous côtés.

— Barnaby ! Teao ! cria François. Abandonnez ces sauvages à leur sort ! Arrivez ! Et toi, maître Wuang-Hi, ce n'est pas le moment de pleurnicher, si tu tiens à ta précieuse peau ! Car, si tu restes ici, je ne te donne pas cinq minutes avant que Krapfl te mette le grappin dessus ! Suis-moi !

— Ah ! Messié Flançois ! Pas bon ! Pas bon ! Moi...

François Bontemps mit un terme aux gémissements du Céleste en le saisissant par le col de sa veste de toile et en l'entraînant vers la plage.

Les instants étaient précieux. D'une seconde à l'autre, les fugitifs pouvaient être rejoints ou cernés par les Ouaméras ; il fallait se hâter.

A la suite de Mortimer, François entraînant Wuang-Hi, Barnaby Cringle et Teao galopèrent vers la plage.

Flèches et balles, heureusement, se faisaient plus rares. Bientôt, les fugitifs purent constater que les projectile n'arrivaient plus dans leur direction. Par contre, des hurlements se mêlèrent au fracas de l'ouragan : ils étaient poussés par les fuyards canaques que les Ouaméras rejoignaient les uns après les autres et égorgeaient, comme le leur avait prédit Garnier.

Grâce à cette diversion, Mortimer et ses compagnons purent atteindre la plage sans être inquiétés. Toujours galopant, ils longèrent l'océan dans la direction de l'est. La marée était basse ; des blocs de corail aux formes étranges, d'un blanc blafard, apparaissaient çà et là sur le sable fin ; sur la gauche des fugitifs, c'étaient les falaises à pic, toutes noires.

— Savoir où sont ces grottes ! maugréa Mortimer à l'adresse de François Bontemps qui l'avait rejoint et, toujours flanqué du Chinois, bondissait à ses côtés.

— M. Garnier avait dit à trois milles dans l'est, il me semble ?

— Trois milles, c'est vague... Sont-ce des milles anglais ou des milles marins (1 mille anglais vaut un peu plus de 1.609 mètres, un mille marin équivaut à 1.852 mètres ?) Et puis, nous n'avons guère moyen d'évaluer les distances. Sans compter que nous ne savons pas où se trouve l'ouverture des grottes. La découvrirons-nous, seulement ?... Ho ! Maître Wung-Hi. Tu connais ces grottes, toi ?

— *Moi, pas connaîtt ! Nous, ça tous même chose mouri !*

— Si tu n'as que ça à nous raconter, tu peux te taire ! grommela François.

La conversation s'arrêta là. En groupe compact, les fugitifs continuèrent leur course désespérée, tournant à chaque instant la tête pour essayer de savoir ce que devenaient leurs ennemis, en vain d'ailleurs, soit que l'obscurité augmentée par le rideau de pluie fût trop épaisse, soit, ce qui était plus probable étant donné qu'aucun projectile n'arrivait plus, que les Ouaméras se fussent arrêtés pour poursuivre les Canaques et leur trancher la tête.

Ils cheminèrent ainsi pendant près d'une heure, sans découvrir, malgré toute leur attention, la moindre anfractuosité dans les falaises géantes bordant la plage.

Sans aucun doute, ils devaient avoir dépassé les grottes sans s'en être aperçu. Mais, que faire ? Les Ouaméras, dont ils ignoraient la position exacte, pouvaient apparaître d'une seconde à l'autre ! Les fugitifs ne pouvaient donc pas s'attarder à des recherches incertaines.

— Peut-être, au jour, découvrirons-nous quelque abri ! grommela Mortimer. Si nos ennemis nous laissent du répit, nous pourrons construire un radeau à l'aide duquel nous essaierons d'atteindre Luganville ou quelque autre établissement européen. En attendant, avançons le plus vite possible. Il n'y a rien d'autre à faire pour le moment !

Le vent, progressivement, diminuait de violence, mais la pluie continuait à tomber, toujours aussi épaisse. Le jour n'était pas loin ; les fugitifs, comprenant qu'ils n'avaient plus beaucoup de temps à eux avant l'apparition du soleil, hâtèrent encore leur allure.

La côte infléchissait légèrement vers le sud ; Mortimer et ses compagnons, à travers le rideau de pluie, distinguèrent devant eux une gigantesque pointe rocheuse qui s'avançait dans la mer et semblait devoir leur barrer le passage.

Angoissés, ils se demandèrent s'ils n'allaient pas être obligés d'escalader la falaise. Leur crainte fut vaine : la marée basse découvrait une étroite bande de roc très suffisante pour passer. Ils s'y engagèrent, l'un derrière l'autre.

François Bontemps, qui était le premier, fit entendre soudain une exclamation de stupeur : de l'autre côté de la pointe, à moins de cent mètres de la plage, un petit bâtiment était échoué ; sa mâture se silhouettait nettement sur le ciel sombre.

— Regardez ! s'écria François en se tournant vers Mortimer qui marchait derrière lui.

— Un schooner ! Echoué ! Peut-être sommes-nous sauvés ! exclama l'ancien capitaine du *Rainbow*. A marée haute, il va sûrement flotter... Savoir à qui il appartient et ce qu'il fait là ? Il y a des bancs de coraux tout le long de la côte, et ce n'est vraiment pas un endroit pour laisser un honnête navire ! Cela m'étonnerait qu'il soit intact... Il doit avoir quelque voie d'eau, et son équipage aura gagné la terre... Nous allons voir !

— Si vous voulez, je vais aller à bord à la nage ? proposa François. Pendant ce temps, vous préparerez la fosse pour mon infortuné compatriote...

— Hum ?... Oui... Il n'y a rien d'autre à faire ! Vous êtes un bon nageur, je crois ?

— Assez ! Mais ce n'est guère nécessaire, car je suis persuadé qu'il n'y a pas cinquante mètres à franchir à la nage !

— Oui, mais il y a des requins ! Si vous ne vous sentez pas assez sûr de vous, j'irai : j'y suis habitué, moi !

— Vous m'estimez assez, n'est-ce pas, capitaine Mortimer, pour ne pas me croire capable de laisser qui que ce soit me remplacer parce qu'il y a du péril ! J'irai donc !

— Je n'ai jamais douté de votre bravoure, Bontemps ! Mais la lutte contre les requins exige une expérience que vous n'avez pas. Enfin, j'espère que vous n'en rencontrerez pas : à marée basse, ils ne s'approchent pas trop des côtes, à moins toutefois que quelque membre de l'équipage du schooner ne se soit noyé et serve d'appât ? Nagez avec votre couteau en main et ouvrez l'œil ! Nous vous attendons ! Si vous n'êtes pas revenu dans vingt minutes, j'irai voir ce qui se passe ! Bonne chance !

Les deux amis qui s'étaient arrêtés, se serrèrent la main.

Sans trembler, François Bontemps entra dans l'eau.

Après avoir marché sur une distance de vingt mètres environ, il perdit pied et nagea le plus vigoureusement qu'il put dans la direction de la goélette.

Un assez fort ressac, causé par le peu de profondeur de l'eau et augmenté par le vent qui n'avait cessé de souffler pendant toute la nuit, régnait, rendant sa nage assez pénible.

Plusieurs fois, François, malgré sa vigueur, faillit être roulé par les lames. Il avança, pourtant, et, en peu de minutes, eut parcouru les deux tiers de la distance le séparant du schooner. Cette constatation l'empêcha de ressentir sa fatigue.

Mais, tout à coup, une exclamation étouffée sortit de ses lèvres ; il oublia de nager, ce qui lui fit boire une bonne pinte d'eau salée.

CHAPITRE V

LA JOIE DE MATTEW GIBBONS

L'émotion de François Bontemps se justifiait : il venait d'identifier le bâtiment échoué — et ce bâtiment, c'était la *Lucy !* La *Lucy* volée par Mattew Gibbons, tandis que François, Mortimer et Teao parlementaient avec les Canaques sur la plage du cap d'Antom ! Que faisait la *Lucy* échouée sur cette grève ? Ce n'était évidemment pas dans ce but que Gibbons s'en était emparé !

Quelques secondes durant, François Bontemps resta indécis, n'exécutant que les mouvements strictement nécessaires pour se maintenir à la surface de l'eau. Devait-il regagner la plage pour prévenir Mortimer, ou bien essayer de grimper à bord pour voir ce que s'y passait ?

La pensée que les Cannibales alliés de Krapfl pouvaient apparaître d'un instant à l'autre le fit pencher pour la seconde des deux alternatives. Il recommença à nager dans la direction du schooner. Il put bien vite en distinguer les moindres détails et constater que rien ne bougeait à bord.

Encore quelques brasses, et il atteignit les sous-barbes de beaupré auxquelles il s'accrocha. Puis, après être resté immobile pendant une dizaine de secondes, autant pour reprendre haleine que pour écouter si rien ne bougeait à bord, il empoigna la martingale, se hissa le long de la guibre et, par un souple rétablissement, atteignit le gaillard d'avant du bâtiment échoué.

Agenouillé derrière un des focs qui gisait à la base du beaupré, il jeta un coup d'œil sur le pont et constata qu'il était absolument désert. Les voiles, non serrées, pendaient en désordre le long des deux mâts ; les manœuvres, drisses, cargues, écoutes, se balançaient au souffle du vent ; aucun cordage n'était levé. Tout enfin indiquait le désordre et l'abandon.

De plus en plus intrigué, François Bontemps se dressa et constata qu'une des deux ancres avait été mouillée ; par suite de l'échouage du schooner, elle ne servait pas à grand'chose et sa chaîne n'était même pas tendue.

Sans bruit, François, son couteau au poing, descendit la petite échelle du gaillard et se dirigea vers l'arrière. Il dut aller lentement, tant à cause de l'inclinaison du pont que des cordages en désordre qui l'encombraient.

Ayant atteint l'écoutille donnant dans les cabines de l'arrière, il constata que la porte en avait été arrachée. Ses battants gisaient sur le pont, non loin de là.

François eut une légère hésitation, puis, se décidant, s'engagea dans l'écoutille et commença à descendre les marches garnies de plaques de caoutchouc.

Il se trouvait au milieu de l'étroit escalier, lorsqu'un ronflement sonore, très distinct malgré le crépitement de la pluie sur le pont, le fit tressaillir.

Quelqu'un dormait en bas. Mais qui ? François continua à descendre et s'arrêta devant le petit couloir sur lequel donnaient les quatre cabines occupant l'arrière du schooner. L'obscurité la plus complète régnait. François, à tâtons, se rendit compte que les quatre portes étaient fermées : sous ses doigts, il sentit de nombreuses éraflures dans le bois, signe qu'on avait dû essayer d'enfoncer les battants.

Il s'immobilisa pour essayer de deviner d'où provenaient les ronflements. Il fut vite fixé : ils filtraient de sa propre cabine ! Mais qui pouvait donc être le dormeur ! Sans s'arrêter à résoudre cette énigme, François se glissant le long d'une cloison, traversa le petit couloir et atteignit la porte donnant dans le salon de la *Lucy*. Elle était entr'ouverte, François la poussa, pénétra dans le salon et, se retenant aux meubles pour ne pas glisser sur le plancher incliné, se dirigea à tâtons vers le petit office où il espérait trouver des allumettes.

A plusieurs reprises, il faillit trébucher contre toutes sortes d'objets hétéroclites gisant sur les tapis : verres brisés, vaisselle en miettes, et autres ustensiles. Par bonheur, le bruissement de la pluie sur le pont, étouffa le craquement du verre et du cristal sous ses pieds. Les meubles de l'office, eux aussi, étaient sens dessus dessous ; les battants du buffet étaient à demi arrachés de leurs gonds, les tiroirs béaient.

Sans se lasser, François, en dépit de tous ces obstacles, entreprit de chercher si la provision d'allumettes, qu'il savait se trouver sous le divan servant de lit au stewart, était intacte.

Tout d'abord, il constata que le capitonnage du divan avait été éventré. Il souleva le couvercle et sentit sous ses doigts les débris de toutes sortes. Le meuble, c'était évident, avait été fouillé comme le reste. Pourtant, presque aussitôt, François referma ses doigts sur une petite boîte de carton en qui à sa forme, il devina une boîte d'allumettes. Elle était pleine.

Le cœur battant, François frotta un des petits morceaux de bois. L'allumette rata ; elle devait être humide.

François en prit une seconde et recommença. Cette fois, la flamme jaillit et à sa clarté, le vaillant garçon put mesurer toute l'étendue du désastre ; l'office ne contenait plus qu'un amas d'acajou : les meubles avaient été littéralement réduits en miettes. Quant au salon, il ne valait pas mieux. Par la porte entr'ouverte, François vit que la table et les banquettes qui la flanquaient avaient été brisées à coups de hache ; dans un angle, il aperçut la suspension à pétrole dont le récipient de cuivre poli, tout cabossé par les coups reçus, brillait dans l'ombre.

Ce fut tout ce que François put voir, car l'allumette, touchant à sa fin, lui brûla les doigts et s'éteignit. Il réussit à en allumer une troisième et, le plus vite qu'il put, marcha vers la lampe qu'il ramassa. Le verre, est-il besoin de le dire, en était absent. Mais le réservoir contenait encore quelques décilitres de pétrole, ainsi que François s'en assura en le secouant.

D'une quatrième allumette, il parvint à enflammer la mèche. Il achevait cette opération, lorsqu'un craquement de verre brisé le fit se retourner : à quatre pas de lui, il reconnut Mattew Gibbons qui arrivait sur la pointe des pieds, un revolver à la main. L'Ecossais avait les pieds nus et était affublé d'un pantalon trop grand pour lui, qui avait appartenu à Mortimer, et d'une chemise rose entr'ouverte sur son cou épais. Une large cicatrice barrait son front étroit et ses deux favoris roux, qui se détachaient sur sa barbe qu'il avait laissé pousser, lui donnaient un aspect à la fois grotesque et féroce.

— Monsieur Bontemps ! grommela-t-il. Oh !... Vous êtes seul, monsieur Bontemps. Comme je suis content de vous revoir !

Ces mots inattendus stupéfièrent tellement François qu'il ne trouva pas de réponse.

— Je vous croyais bien mort, vous savez, monsieur Bontemps ! continua Gibbons sans abaisser son revolver. Et, ma foi, j'étais si loin de m'attendre à vous revoir que j'allais faire feu au moment où vous avez allumé la lampe !... Je suppose que le capitaine Mortimer est avec vous, sans doute ?

En un éclair, François comprit le sens des paroles de l'Ecossais. Gibbons, avant d'agir, voulait savoir s'il était seul pour en finir avec lui.

— Non, je ne suis pas seul, répondit négligemment le vaillant garçon. Le capitaine Mortimer, Teao et plusieurs Canaques d'une plantation voisine sont avec moi. Nous nous dirigions vers Luganville et venions de nous mettre en route après avoir passé la nuit dans les grottes, non loin d'ici, lorsque nous avons aperçu cette goélette échouée. Alors, je suis allé à la découverte et j'ai reconnu la *Lucy*. J'ai alors monté à bord. Vous voilà renseigné.

« Et maintenant, à mon tour de vous demander pourquoi vous nous avez si lâchement abandonnés au cap d'Antom ?

La face de Gibbons exprima l'indignation et la tristesse :

— Ah ! monsieur Bontemps, gémit-il ou plutôt soupira-t-il, je n'aurais pas cru que vous étiez capable de me juger si mal ! Moi, Mattew Gibbons, vous avoir abandonnés ? Mais vous n'avez donc pas vu ce qui s'est passé ? L'équipage s'est révolté et a tiré des coups de fusils sur les Cannibales ! J'ai voulu contraindre les révoltés à l'obéissance, mais en vain ! J'ai même été blessé en défendant le mousse ! Pauvre Barnaby ! Il a été tué à bout portant et jeté aux requins !

« Moi-même, je n'ai évité un sort pareil qu'en m'enfermant dans ma cabine... De là, j'ai compris que les misérables Canaques appareillaient... Mais que pouvais-je faire ? Je vous le demande ? Pendant plusieurs jours, j'ai vécu de biscuits et d'eau que je me procurais la nuit pendant que les révoltés dormaient... Les misérables païens ! Ils ont tout saccagé, se sont enivrés que j'en avais honte de les entendre !

« Enfin ! ils ont fini par échouer le schooner ici et se sont enfuis à terre dans les embarcations, me laissant seul ici, à la merci des Cannibales ! Mais qu'importe ma malheureuse personne ? Le principal est que vous et le capitaine Mortimer soyez sains et saufs ! Ah ! j'ai bien pensé à vous, et j'étais bien triste, vous pouvez me croire !

Et l'estimable et honnête Gibbons fit mine d'essuyer une larme qui n'existait pas.

— En vous revoyant, monsieur Bontemps, conclut-il, j'ai éprouvé une des plus grandes joies de ma vie ! Dites vite au capitaine Mortimer de venir ! Il ne nous sera pas très difficile, j'en suis sûr, de renflouer la *Lucy* à marée haute ! Ah ! que je suis donc heureux !

De fait, Gibbons fit entendre un soupir de bonheur. François Bontemps, malgré qu'il s'attendît à tout de la part du bandit, dut se retenir pour ne pas éclater.

— Je vais vite prévenir le capitaine Mortimer, dit-il. Dans quelques minutes, nous serons là !

— Je vous attends avec impatience, monsieur Bontemps ! Et dites bien au capitaine Mortimer combien ma joie est grande de vous voir tous sains et saufs !

— Je n'y manquerai pas ! affirma François qui avait hâte de clore l'entretien.

Il remonta vivement sur le pont et, sans plus penser aux requins, se laissa glisser à la mer et nagea vers la plage. En quelques minutes, il l'eut atteinte et pris pied sur le sable.

Mortimer, Tono, Barnaby Cringle et Wung-Hi se précipitèrent vers lui :

— Je commençais à être inquiet ! s'écria l'ancien capitaine du *Rainbow*, et je regrettais de vous avoir laissé partir, vous croyant dévoré par quelque requin. Vous êtes allé à bord ?

— Oui ! Et j'apporte des nouvelles intéressantes ! Ce schooner, c'est la *Lucy* ! Il a été pillé de fond en comble et échoué, et je n'ai trouvé qu'une seule personne à bord. Devinez qui ? Gibbons ! Le bandit prétend qu'il a été victime d'une révolte de l'équipage et qu'il a failli être massacré par les Canaques !

— Quel menteur ! interrompit Barnaby Cringle, indigné. Vous savez bien que...

— Mais oui, fit François. Il ment, c'est clair. Et la meilleure preuve, c'est qu'il m'a raconté comment tu avais été tué par les matelots canaques et dévoré par les requins ! Naturellement, je me suis bien gardé de le détromper ! Il nous attend et m'a bien recommandé, capitaine Mortimer, de vous assurer de ses meilleurs sentiments !

— Naturellement ! murmura Mortimer. Enfin, il y a une justice, quelquefois !... Mais dépêchons ! Le jour ne va pas tarder à paraître et j'ai quelque idée que les Ouaméras ne doivent pas être loin ! Nous allons aller à bord ; nous y trouverons sans doute des armes pour nous défendre lorsqu'on nous attaquera.

« La première chose sera de s'emparer de Gibbons, attendu qu'il comprendra, en voyant Barnaby, que nous savons tout !

« A la nage, tous ! Toi, Barnaby, passe le dernier ! Tu attendras qu'on te le dise pour te montrer !

— Il n'aura qu'à se cacher sous quelque voile ! ajouta François.

— Moi aussi, *nazer ?* demanda Wung-Hi d'une voix peu rassurée.

— Il me semble, à moins que tu veuilles que je te porte ? grommela François.

— *Moi pas connais bien nazer ! Ça y en a beaucoup lequins !*

— Je crois me souvenir que tu nageais très bien, lorsque Krapfl t'a jeté par-dessus bord, il y a dix ans ! fit Mortimer. Donc, à l'eau toi aussi, et tire ta coupe si tu ne veux pas que je te traîne par ta natte !

Wung-Hi fit entendre un grognement confus, mais ne répliqua pas. A l'exemple de Mortimer, François, Teao et Barnaby, il se mit à l'eau, non sans pousser des soupirs plaintifs.

Le jour était proche. A l'orient, le ciel grisaillait et déjà de vagues lueurs apparaissaient à la surface de l'océan. La pluie, bien que tombant toujours, diminuait d'instant en instants.

Mortimer et Teao atteignirent les premiers le schooner et, lestement, grimpèrent sur le pont. Tout aussitôt Gibbons, qui tenait en main une lanterne allumée, se précipita à leur rencontre.

— Ah ! sir ! s'écria-t-il en s'avançant vers Mortimer. Si vous saviez combien je suis heureux de...

Le poing de l'ancien capitaine du *Rainbow*, qui lui arriva en plein front, interrompit ses hypocrites protestations. Lâchant son fanal qui roula sur le pont incliné jusqu'au bastingage, il tomba et tenta de se raccrocher au mât de misaine.

Mais avant qu'il ait pu se relever, Mortimer, Teao et François qui arrivaient furent sur lui, le maintinrent et le ligotèrent contre le mât de misaine à l'aide des cordes qui traînaient sur le pont.

— Là ! Voilà qui est réglé ! conclut froidement Mortimer. Teao ! dis au mousse qu'il peut monter sur le pont, et occupez-vous tous les deux de mettre de l'ordre dans les manœuvres, afin qu'on puisse hisser les voiles dès qu'il le faudra.

« Vous, Bontemps, venez ! Nous allons voir si les fusils et leurs munitions sont encore dans la cale afin de pouvoir nous en servir ! C'est le principal !

« Nous verrons ensuite si le schooner peut être remis à flot ! Prenez le fanal !

Le panneau de l'unique cale de la *Lucy*, situé entre les deux mâts, était entr'ouvert. Une bâche, placée là sans doute par Gibbons, le recouvrait.

Mortimer, éclairé par la lanterne que François avait ramassée, écarta le pré-

— Là ! voilà qui est réglé ! conclut froidement Mortimer.

lart et commença de descendre le long de l'épontille entaillée servant d'échelle. François le suivit.

Dans la cale, c'était un fouillis sans nom. Les caisses de provisions, éventrées et vidées de leur contenu, gisaient pêle-mêle parmi les sacs de riz et de légumes secs crevés.

Sans s'attarder à se lamenter sur ce désastre, Mortimer et François se dirigèrent vers le compartiment situé à l'avant du schooner et où avaient été enfermées les armes et les munitions achetées à Tulagi.

La porte en avait été arrachée. Sur le plancher servant de doublage au petit bâtiment, les deux amis distinguèrent plusieurs carabines et un monceau de cartouches éparpillées. Les pillards ne s'étaient pas donné la peine de tout prendre et avaient dédaigné les carabines d'un nouveau modèle, dont ils ne connaissaient sans doute pas le maniement : quant aux revolvers, aucun d'eux ne fut retrouvé.

— Somme toute, voilà de quoi nous défendre honorablement ! constata Mortimer. Six carabines, c'est plus qu'il ne nous en faut ! Nous allons monter cela sur le pont !

Lui-même se chargea des carabines, cependant que François, hâtivement, remplissait de cartouches un vieux sac.

Lorsque les deux amis réapparurent sur le pont, le jour était presque complètement venu et permettait de distinguer les moindres détails du rivage.

Mortimer et François, après avoir déposé leur butin sur le panneau de la cale et l'avoir recouvert d'une bâche, car la pluie tombait toujours, examinèrent plus attentivement la situation du schooner.

La *Lucy* était échouée sur son flanc gauche ; sa quille devait être assez profondément enfoncée dans le sable, car, malgré le violent ressac, le schooner ne bougeait pas plus qu'un roc.

— La marée haute ne suffira pas à nous renflouer, murmura Mortimer. Il faudra sans doute aller mouiller une ancre et nous haler dessus. Mais pour cela, nous aurons besoin d'une embarcation, et je vois qu'elles ont toutes disparu... Enfin, c'est déjà bien joli qu'il n'y ait pas de voie d'eau...

Des cris venant du rivage le firent s'interrompre ; plusieurs flèches s'enfoncèrent dans l'eau non loin du schooner ; sur la plage, Krapfl, ses Allemands, accompagnés des Ouaméras, venaient d'apparaître et avaient reconnu les fugitifs !

CHAPITRE VI

FUNÉRAILLES NÉO-HÉBRIDIENNES

D'un coup d'œil, Mortimer et ses compagnons envisagèrent leur nouvelle situation.

Elle était grave, mais non désespérée. Imitant l'ancien capitaine du *Rainbow*, François Bontemps, Barnaby Cringle et Teao s'abritèrent derrière les épais bastingages de la goélette, ce qui avait le double avantage de les abriter des flèches et de les rendre invisibles à leurs ennemis.

Mortimer s'étant penché dans un *chaumard* (ouverture percée dans le bastingage), vit que, sur la plage, une centaine d'Ouaméras s'agitaient. Quelques-uns seulement continuaient à envoyer leurs flèches dans la direction de la *Lucy ;* la plupart étaient assemblés devant un creux de la falaise et semblaient discuter avec animation.

Mortimer eut un violent tressaillement : l'endroit où palabraient les anthropophages, c'était là qu'il avait laissé le corps de Garnier ! Des cris lui apprirent bientôt que les Cannibales s'étaient emparés du cadavre du trader.

Peu après, un gigantesque Canaque se détacha du groupe formé par ses compagnons et marcha vers Krapfl qui arrivait, accompagné de Rudolf Storff et des matelots allemands de l'*Odin*. Le noir brandissait une longue lance à la pointe de laquelle une sorte de sphère était fichée... Mortimer, à la clarté incertaine du jour naissant, reconnut la tête exsangue de Garnier !

Ce spectacle lui fit perdre son calme. Au risque d'être atteint par les flèches qui pleuvaient sur le schooner, il se dressa brusquement, épaula sa carabine et fit feu. Le Cannibale, la tête fracassée par la balle, s'affaissa, lâchant sa lance qui tomba sur le sable. Des cris furieux retentirent. Mortimer allait une seconde fois presser la détente de son arme — à l'intention de Krapfl, cette fois — lorsqu'une pensée l'arrêta. Tuer Krapfl ? C'était s'interdire à tout jamais de connaître le mystère de la *Malaïta* — et puis une pareille mort était cent fois trop douce pour le misérable.

Krapfl, d'ailleurs, se chargea immédiatement d'empêcher Mortimer de revenir sur sa décision, car il se jeta derrière un bloc de roc — et les autres Allemands l'imitèrent avec ensemble.

Ainsi abrités, les bandits firent grêler les balles vers la *Lucy*. Plusieurs projectiles s'enfoncèrent dans l'épais bastingage.

— Nous ne risquons rien pour l'instant — à condition que vous vouliez bien ne pas montrer vos têtes, fit Mortimer à l'adresse de ses compagnons qui, poussés par une curiosité bien naturelle, s'étaient insensiblement haussés afin de voir ce qui se passait par-dessus le bastingage. Krapfl et ses Cannibales ne peuvent rien contre nous, car ils n'oseront jamais nous attaquer à la nage. Il leur faut des canots. Mais ils ne seront pas longs à s'en procurer, nous pouvons en être sûrs !

— Je ne vois pas bien comment ! fit François.

— Tout simplement en en empruntant à quelque tribu du voisinage. Ce sont des choses qui ne se refusent pas, surtout lorsqu'il y a au bout un pillage profitable... Et rien ne nous dit, du reste, que les Ouaméras n'iront pas chercher leurs propres pirogues... Ils doivent en posséder !

— Ce n'est pas sûr ! Sans cela, la *Lucy* aurait été complètement pillée !

Malgré la gravité de la situation, Mortimer ne put s'empêcher de sourire :

— Pillée, notre goélette l'a été, mon cher Bontemps ! Maintenant, peut-être estimez-vous que le pillage n'a pas été complet ? Je ne vous chicanerai pas là-dessus !

— Si les Canaques sont venus à bord, je ne comprends pas, alors, pourquoi ils ont laissé vivre Gibbons ? observa François.

— Qui vous dit que Gibbons ne s'est pas caché ? Les coins ne manquent pas, à bord ! Et ce que vous me dites me fait penser que nous aurions sûrement du profit à interroger ce bandit !

— Il ne dira rien ou mentira !

— Je le ferai parler, n'en doutez

pas ! Voulez-vous rester ici avec Teao et Barnaby ? Je vais m'occuper de Gibbons ! Surveillez Wung-Hi seulement : ce Chinois ne m'inspire qu'une très petite confiance ! Et jetez de temps en temps un regard du côté de la terre — bien que je ne croie pas que nous ayons une attaque à redouter pour le moment !

Les flèches, en effet, avaient cessé de tomber autour de la goélette ; les fusils des Allemands s'étaient tus.

Mortimer, ayant jeté un coup d'œil sur la plage, ne vit plus les Allemands : ils devaient se concerter à l'abri des rochers épars au pied de la falaise. Quant aux Ouaméras, ils s'agitaient joyeusement autour d'un feu qu'ils venaient d'allumer et dont la fumée rousse montait vers le ciel pâle.

Mortimer comprit la signification de ce feu : il allait servir à cuire le corps de Garnier. L'ancien capitaine du *Rainbow*, jugeant inutile d'attrister ses compagnons, garda pour lui ses impressions. Mais il vit bien, à la mine horrifiée de Teao, que le Tahitien comprenait parfaitement la signification du brasier allumé par les Cannibales.

— Je vous laisse donc quelques instants ! conclut Mortimer à l'adresse de François.

— Faites donc — et tâchez d'obtenir quelque chose de ce misérable !

Mortimer, en quelques enjambées, fut devant Mattew Gibbons.

L'Ecossais, étroitement attaché contre le mât de misaine, avait réussi à relâcher un peu ses liens et en avait profité pour changer légèrement de place. C'est-à-dire que son corps, au lieu d'être placé face à l'avant, se trouvait maintenant un peu plus sur la droite — ce qui évitait au prisonnier de risquer d'être atteint par les projectiles venant de terre.

Gibbons paraissait bien abattu. La réapparition de Barnaby Cringle, et ce qui s'en était suivi, avaient fait comprendre au misérable qu'il n'avait absolument aucune espèce de pitié à attendre de Mortimer et de ses compagnons. D'autre part, lui aussi avait reconnu Krapfl sur la plage — et, de ce côté aussi, il savait que rien de bon ne cuisait pour lui. Krapfl, qu'il avait trahi, serait sans miséricorde.

Aussi Gibbons roulait-il de tristes pensées dans sa grosse tête qui pendait, flasque sur sa poitrine, lorsqu'il vit Mortimer s'approcher de lui.

— Il s'agirait de nous entendre, maître Gibbons, fit l'ancien capitaine du *Rainbow* en considérant le misérable d'un œil froid. Vous allez me dire la vérité — la simple vérité ! C'est-à-dire ce qui s'est passé à partir du moment où vous avez fui avec la goélette après avoir essayé d'assassiner le mousse. Si vous êtes franc, je ne toucherai pas à un seul cheveu de votre tête : je me contenterai de vous remettre le plus tôt possible aux mains du haut commissaire britannique à Tulagi qui statuera sur votre sort. J'ajoute que votre franchise vous sera comptée. Vous avez compris ?

— Oui, siffla faiblement Gibbons en levant un œil mi-méfiant, mi-terrifié sur son interlocuteur.

— Alors, parlez. Et brièvement. Pas d'hésitations : il n'y a qu'une manière de dire la vérité. J'écoute !

Malgré cet avis, Gibbons commença par hésiter. Une dernière fois, il se demandait quel pouvait être pour lui le parti le plus avantageux : continuer à nier malgré les affirmations du mousse, ou bien dire la vérité — une vérité bien atténuée, bien entendu, une vérité farcie de mensonges chaque fois que Mortimer ne pourrait les contrôler.

L'essentiel pour Gibbons était de gagner du temps. Qui pouvait savoir ? Les Cannibales allaient sûrement attaquer la goélette ; peut-être, à la faveur du combat, surgirait-il quelque occasion dont lui, Gibbons, saurait profiter ? Ce Chinois — c'était à Wung-Hi que pensait Gibbons — peut-être pourrait-on s'en faire un allié ? Les Chinois, il y a « souvent moyen de s'arranger » avec eux...

Ainsi songea le misérable. Ce fut une songerie qui dura à peine une dizaine de secondes. Mais elle suffit à Gibbons à se décider : pour gagner du temps, il fallait ne pas exaspérer Mortimer ; or, le moyen de l'exaspérer était de nier l'évidence. Gibbons se décida donc pour la vérité — une vérité atténuée.

— Je vais tout vous dire, capitaine Mortimer, affirma-t-il d'un air dolent. Je suis un misérable ! Je suis le dernier des infâmes ! Je suis...

— Je le sais, ce que vous êtes ! interrompit froidement l'Américain. Ce que je vous demande, c'est de me dire ce que la *Lucy* est devenue depuis votre appareillage du cap d'Antom ! Dépêchez !

— Je vais vous le dire ! Je vous dirai tout ! pleurnicha le prisonnier. J'ai voulu m'emparer de la goélette... Pour cela, j'ai commis le plus grand des crimes : je vous ai livrés aux Cannibales ! Que voulez-vous ! J'ai bientôt cinquante ans ! Je n'ai pas eu de chance dans ma vie... J'ai fait plusieurs naufrages et aucun armateur n'a plus jamais voulu me confier de bâtiment. J'ai dû me résigner à être *mate* (officier venant après le capitaine), gagnant juste de quoi vivre avec l'espérance de mourir de faim dans ma vieillesse !

« Alors... je me suis laissé tenter ! J'ai voulu avoir enfin un navire à moi ! Pour cela, j'ai essayé de vous faire massacrer par les Canaques ! J'ai voulu aussi tuer le mousse ! Mais je ne devais pas jouir de mon ignoble crime ! Mes Canaques se révoltèrent bien vite, comprenant que mon acte m'empêcherait toujours de porter plainte contre eux. Ils refusèrent tout service, s'enivrèrent et finirent par échouer le navire ici... Ils s'enfuirent alors dans les embarcations après avoir essayé de me tuer ! Depuis...

— Il y a longtemps ? coupa Mortimer.

— Non. Depuis deux jours ! Nous avons été surpris par le calme pendant plus d'une semaine, et puis les noirs ne voulaient plus ni gouverner, ni manœuvrer la voilure ! Je...

Des hurlements d'enthousiasme et de joie, venant de terre, couvrirent la voix du prisonnier. Les Ouaméras chantaient. Ils chantaient une sorte d'hymne lent dont les paroles, parfaitement distinctes malgré la distance, firent tressaillir Mortimer et Gibbons.

Poussez-moi doucement ! Poussez-moi doucement !
Car je suis le champion de mon pays !
Remerciez ! Remerciez ! Remerciez !

Un silence suivit, et une voix rauque demanda :

Où est le vaillant ?

Le chœur répondit :

Parti pour être accroché dans le four et cuit !

D'immenses acclamations saluèrent ces paroles.

— Vous avez entendu ? gronda Mortimer, sourdement. On va cuire un homme — un blanc ! — pour le manger ! Ce blanc est mort en combattant ; il est mort pour nous empêcher de tomber entre les mains de Krapfl, votre associé ! Vous entendez ! Vous n'avez pas dit la vérité ! Vous vous étiez entendu avec Krapfl !

— *Qui est Krapfl ?* demanda Gibbons avec un ton d'innocence admirablement joué.

Mortimer l'enveloppa d'un regard méprisant.

— Vous le direz aux juges à Tulagi ! conclut-il, sentant la colère le gagner.

Sans plus prononcer un mot, il resserra les liens des cordes maintenant Gibbons contre le mât de misaine. Il allait s'éloigner, lorsque le prisonnier grogna :

— Je vois que vous ne me croyez pas ! Mais j'ai dit la vérité ! Sur le Christ, je le jure !

— Ne blasphémez pas !

— Je ne blasphème pas !... Au moins, vous me donnerez à boire ! souffla Gibbons, sans insister.

— Tout à l'heure, lorsque j'en aurai le temps !

Mortimer rejoignit François Bontemps et lui fit part de sa conversation inutile avec Gibbons.

— Il n'y a rien à tirer de cet homme, dit-il. Ne perdons plus notre temps avec lui !

— Pourquoi les Ouaméras crient-ils si fort ? demanda François que les clameurs des Cannibales intriguaient.

— Ils sont joyeux — car ils s'occupent de faire cuire le corps de M. Garnier pour le manger. Et nous ne pouvons rien... expliqua l'ancien capitaine du *Rainbow*. Nous ne pouvons qu'essayer de venger notre infortuné ami ce sera la meilleure manière d'honorer sa mémoire !

« Mettons donc le navire en état de défense et préparons tout pour le renflouer ! Tout d'abord, nous allons jeter à la mer le lest de sable qui est dans la cale : cela nous allégera toujours un peu ! Ensuite, nous essaierons de construire un radeau pour aller mouiller une ancre au large sur laquelle nous nous halerons ! Ne perdons pas un instant !

Mortimer, immédiatement, distribua la besogne.

La cale fut ouverte.

Wung-Hi et Barnaby Cringle y descendirent et s'occupèrent à transvaser le sable servant de lest dans les paniers que Teao, perché sur un rudimentaire échafaudage, fit passer à François qui alla en jeter le contenu le long du bord.

Pendant ce temps, Mortimer, sans cesser d'observer les Canaques qui continuaient leurs chants, visitait minutieusement le petit navire. Dans sa cabine, sous le plancher, il retrouva la caisse de dynamite qu'il avait embarquée à Tulagi à l'insu de Gibbons. Elle contenait une cinquantaine de kilos du puissant explosif emballé sous forme de petites saucisses de toile munies d'une courte mèche.

Mortimer, tout joyeux, monta la caisse sur le pont, à l'arrière : c'était une arme terrible en cas d'attaque. Puis, ayant fait le tour du pont, il enleva soigneusement tous les cordages quels qu'ils fussent, qui pendaient le long de la coque et qui pouvaient aider à escalader le bastingage.

A l'aide des nombreuses flèches lancées par les Ouaméras et qui gisaient sur le pont, l'ancien capitaine du *Rainbow* confectionna des défenses en les fixant dans les porte-haubans, la pointe tournée vers l'extérieur et légèrement inclinée vers la surface de l'eau. Ces flèches, vraisemblablement, étaient empoisonnées : leur présence ralentirait l'élan des assaillants.

A l'avant, Mortimer, à l'aide des focs, faisait une sorte de rempart à l'abri duquel les défenseurs de la goélette pourraient facilement mitrailler leurs ennemis dès qu'ils s'approcheraient...

Il pouvait être trois heures de l'après-midi lorsque l'ancien capitaine du *Rainbow*, qui ne s'était pas arrêté un seul instant, eut terminé ses préparatifs. Il rejoignit François Bontemps qui, aidé de Barnaby, Wung-Hi et Teao, continuait inlassablement à vider à la mer le sable emplissant la cale.

Assez pour aujourd'hui, déclara Mortimer, après un coup d'œil sur ce qui restait de lest — à peine le quart. Inutile de nous épuiser : il faut conserver des forces pour repousser l'attaque des Cannibales, attaque qui ne va pas tarder à se produire, car plus de la moitié des Cannibales ont disparu. Ils sont certainement allés chercher des pirogues.

« D'ailleurs, la marée baisse en ce moment ; nous ne pouvons plus chercher à nous renflouer, aujourd'hui. Demain, on verra. Pour le moment, mangeons !

En bas, quelques boîtes de conserves, ainsi que plusieurs caisses de biscuits de mer secs et du rhum avaient été dédaignées par les pillards. Mortimer et ses compagnons s'en contentèrent, et terminèrent ce repas par du café que Barnaby confectionna.

Gibbons reçut pour sa part trois biscuits et deux quarts d'eau ; il n'osa pas, malgré sa faim, en demander davantage.

Vers six heures du soir, les quatre hommes et le mousse, étendus sur les planches tièdes du pont de la *Lucy*, se reposaient de leur écrasant labeur de la journée, lorsque Mortimer, soudain, se dressa. Son regard embrassa l'horizon.

— *Les voilà qui arrivent !* dit-il de sa voix calme.

Tout le monde se leva.

Vers l'est, à quelque distance de la côte, plusieurs longues pirogues apparaissaient. Leurs proues pointues étaient ornées de petits coquillages qui brillaient gaiement. Chacune de ces embarcations devait contenir soixante à quatre-vingts guerriers en y comprenant les pagayeurs. C'était donc un rude assaut que Mortimer et ses amis allaient avoir à soutenir.

CHAPITRE VII

CHANCE ET MALCHANCE DE MATTEW GIBBONS

En silence, Mortimer et ses compagnons considérèrent les légères embarcations. Grâce au calme de la mer qu'ondulait à peine une légère houle, les longues pirogues glissaient rapidement ; les pagayeurs, ensemble, plongeaient rythmiquement leurs pelles de bois dans l'eau bleue. A l'arrière de chaque embarcation, un gigantesque Canaque se tenait debout, ses mains rivées à une sorte de long aviron qui lui servait à diriger la pirogue. Des guerriers, armés de jave-

Sur le rivage, les Canaques, comme ils l'avaient fait pendant toute la journée, continuaient à danser et à chanter.

lots et de grands arcs, étaient massés à l'avant, pressés comme des sardines. Ils étaient immobiles — pour l'instant.

— Ils ne nous ont pas encore ! grommela François Bontemps en serrant entre ses doigts la carabine qu'il avait empoignée.

— Non, fit tranquillement Mortimer, car, dès qu'ils seront à bonne portée, nous verrons à les canarder, et il ne leur sera pas facile de nous aborder.

« Quand même, prenons tout de suite nos dispositions ! Vous, Bontemps, vous vous tiendrez à l'avant et vous surveillerez Gibbons : une balle dans la cervelle à la plus petite tentative suspecte !

— Naturellement !

— Quant à moi, je serai dans la mâture, prêt à intervenir où il le faudra. Teao et Barnaby Cringle resteront derrière avec Wung-Hi, qui s'occupera à recharger les armes, au fur et à mesure des besoins !

« Tu entends, maître Wung ? insista Mortimer à l'adresse du Céleste, qui, ainsi que chaque fois que le péril était proche, tremblait violemment.

— Yes ! captain, répondit le Chinois d'une voix mal assurée.

— D'abord, je m'en charge, moi du *Chinago !* affirma Barnaby ; faudra qu'il se conduise bien où il aura affaire à moi !

— Parfait ! conclut l'ancien capitaine du *Rainbow*, qui, après avoir complété ses explications, ouvrit la caisse de dynamite qui était restée à l'arrière et vida les trois quarts de son contenu dans un morceau de voile qu'il noua aux quatre coins. Il chargea sur son épaule le paquet ainsi confectionné et s'élança vers les haubans du grand mât, qu'il escalada avec une agilité qu'aurait pu lui envier Barnaby lui-même.

Arrivé dans la hune, Mortimer déposa son paquet entre le mât et le paquet de toile formé par la voile de flèche qui était à demi amenée. L'explosif était ainsi à l'abri des balles tirées d'en bas.

Mortimer, avant de redescendre de son perchoir, considéra les pirogues. Elles étaient sept et naviguaient deux par deux, la septième formant l'arrière-garde. Mais, à la grande surprise de l'ancien capitaine du *Rainbow*, les longues embarcations ne semblaient pas du tout se diriger vers la *Lucy*.

La route qu'elles suivaient devait, si elles n'en changeaient pas, les faire passer à plus de huit cents mètres au large de l'épave. Il est vrai qu'elles n'avaient qu'à venir légèrement sur leur droite... Peut-être que cette tactique ne constituait qu'une feinte ? Arrivées par le travers de la goélette, les pirogues pouvaient virer brusquement et, en quelques instants, atteindre l'épave. Il fallait voir.

Les secondes, les minutes s'écoulèrent. Les pirogues ne changeaient aucunement de direction. Elles furent bientôt en face de la *Lucy* et continuèrent à avancer, comme si la goélette n'eût pas existé.

— Fainéants de malheur ! clama Barnaby Cringle. Ils n'osent pas s'y frotter !

Tel ne fut pas l'avis de Mortimer, qui appréhenda quelque nouvelle machination de la part de Krapfl.

Les pirogues s'étant suffisamment éloignées pour que tout retour offensif immédiat ne fût pas à craindre, Mortimer redescendit sur le pont.

— Nous nous sommes effrayés pour

rien, lui dit François Bontemps. Ces pirogues appartiennent sans doute à quelque tribu du voisinage qui n'a rien à voir avec Krapfl et ses Ouaméras !

— Je voudrais bien penser comme vous, mais j'en suis loin ! fit l'ancien capitaine du *Rainbow*. Si ces Canaques n'avaient rien de commun avec Krapfl, ils se seraient approchés de la *Lucy*, pour s'assurer que l'épave ne contenait rien de bon à piller. Or, ils s'en sont prudemment tenus au large !

— Ils ont dû nous voir ?

— Et après ? Vous croyez que cela les aurait empêchés de s'approcher ? Ils nous auraient d'abord proposé de nous aider, quittes à nous égorger s'ils avaient cru pouvoir le faire sans trop de risques ! On voit bien que vous ne connaissez pas les Canaques !

« Au lieu de cela, ils ont fait semblant de ne pas nous voir. Pourquoi ? Je n'en sais rien, mais soyez assuré que Krapfl est là-dessous ! Au reste, nous verrons bien. Qu'ils viennent aujourd'hui ou demain, nous sommes prêts à les recevoir.

« Je viens d'emmagasiner une bonne provision de saucisses de dynamite dans la mâture. Partagez-vous ce qui reste avec Teao et Barnaby Cringle : elle vous servira à repousser les Canaques lorsqu'ils se présenteront !

— On les attend de pied ferme ! affirma François en souriant.

— Et on leur prendra leurs pirogues ! s'écria Barnaby Cringle, qui ne doutait jamais de rien ! Justement, nous avions besoin d'un canot pour aller mouiller une ancre à jet ! Cela fera juste notre affaire. Elles sont un peu étroites, mais on n'aura qu'à en prendre deux.

Cette juvénile confiance fit sourire tout le monde.

Les pirogues, cependant, continuaient à s'éloigner. Elles disparurent bientôt derrière la pointe rocheuse qui délimitait vers l'ouest la plage devant laquelle avait échoué la *Lucy*.

Sur le rivage, les Canaques, comme ils l'avaient fait pendant toute la journée, continuaient à danser et à chanter. Mais chants et danses languissaient, soit que les danseurs fussent fatigués, soit que leur nombre eût diminué — ce qui était l'avis de Mortimer. Quant à Krapfl et à ses Allemands, impossible d'en distinguer un seul. Ils semblaient s'être volatilisés.

Le soleil, brusquement, disparut derrière les amas de nuages violets, qui affleuraient l'horizon. Le ciel s'obscurcit, cependant qu'apparaissaient les premières étoiles. Sur la plage, plusieurs feux rouges, allumés par les Ouaméras scintillèrent.

— Pas de lune, murmura Mortimer après avoir examiné le ciel ; beaucoup de nuages... Nous allons avoir une nuit bien noire ! A nous de veiller sérieusement !

« Vous, Bontemps et Teao, prendrez la première faction jusqu'à minuit ; ensuite ce sera le tour de moi et de Barnaby Cringle ! Hé ! maître Wung ? Fais-nous à dîner !

Le Chinois, se souvenant de son ancien métier de cuisinier, avait déjà préparé tout un repas. Il avait déniché quelques casseroles, redressé et allumé le fourneau renversé par les pillards, et s'était procuré divers ingrédients.

Pour la première fois, depuis qu'ils avaient quitté la *Lucy*, Mortimer et ses compagnons mangèrent un véritable repas : soupe au corned-beef où nageaient des morceaux de biscuit de mer, corned-beef froid, corned-beef en salade. Ce n'était pas très varié, mais, malgré cela, tout le monde trouva ce dîner excellent et lui fit le meilleur accueil.

Ainsi qu'il avait été convenu, François Bontemps et Teao prirent la première faction. Mortimer, Barnaby Cringle et Wung-Hi s'étendirent sur les planches tièdes du pont et ne tardèrent pas à s'endormir.

A onze heures, Mortimer fut réveillé en sursaut par François, qui, l'ayant saisi par le bras, le secouait rudement.

— On attaque ? demanda l'ancien capitaine du *Rainbow* en se levant et en regardant autour de lui.

Il pleuvait ; de lourdes cataractes d'eau tombaient du ciel noir et crépitaient en s'abattant sur la surface de l'eau. Mais, autour de la goélette, rien ne semblait bouger.

— Non, on n'attaque pas, expliqua François, d'une voix que la colère faisait trembler — *mais Mattew Gibbons s'est évadé.*

— Evadé ? Comment ? sursauta Mortimer, en entraînant le jeune Français vers l'avant.

— Je... je n'en sais rien ! J'avais laissé Teao sur le pont, et j'étais grimpé dans la hune pour mieux surveiller la plage. Il y a cinq minutes, Teao m'a rejoint et m'a raconté qu'il venait de s'apercevoir que le prisonnier n'était plus là !

— Où est-il, Teao ? demanda Mortimer.

— Dans la hune du grand mât où je lui ai commandé de rester tandis que j'allais vous prévenir !

Tout en conversant ainsi, les deux hommes, courbant le dos sous la pluie, étaient arrivés auprès du mât de misaine — à l'endroit où Gibbons eût dû se trouver. A sa place, quelques cordelettes, celles-là même qui avaient servi à le ligoter, pendaient le long du mât. Quant au prisonnier, pas trace.

Sur l'ordre de Mortimer, François alla chercher Teao et revint avec lui quelques instants plus tard.

— Que s'est-il passé, Teao ? questionna l'ancien capitaine du *Rainbow*. Explique-toi !

Le Tahitien, sans embarras aucun, répondit que, conformément à la consigne donnée par M. Bontemps, il avait concentré toute son attention sur la plage et sur la baie afin de guetter si aucune pirogue n'apparaissait. Lorsque, machinalement, il avait pensé à aller voir ce que devenait le prisonnier, il avait constaté que Gibbons n'était plus contre le mât de misaine. Il avait immédiatement fait le tour du pont, fouillé sous le gaillard, mais sans résultat. Il était alors allé prévenir M. Bontemps.

— Et tu n'as rien vu, rien entendu qui t'ait paru suspect ? insista Mortimer. Il a dû faire du bruit, pourtant, en se jetant à l'eau ? C'est vrai que la pluie couvre tout...

— Si j'avais vu ou entendu quelque chose, capitaine, oh ! non, l'homme ne se serait pas enfui ! s'écria le Tahitien. Car, s'il n'avait dépendu que de moi, il y a longtemps que ce misérable bandit aurait été jeté aux requins ! Il a voulu nous livrer aux cannibales et par sa faute, mes deux amis ont péri !

« Mais si je le rattrape, il ne risquera plus de se sauver, cette fois !

Teao, c'était évident, était sincère. Il haïssait Gibbons et l'on ne pouvait croire un seul instant qu'il eût favorisé sa fuite.

— Tant pis, conclut Mortimer. Gibbons est à terre, maintenant, à moins qu'il n'ait été dévoré par les requins. Il est allé rejoindre son ami Krapfl. Un de plus ou un de moins, ce n'est pas cela qui changera notre situation !

L'ancien capitaine du *Rainbow* se tut et, pendant quelques instants, essaya de percer l'épais rideau de pluie qui enveloppait l'épave comme d'un suaire. Impossible de rien voir. Tout était noir.

— Je ne crois pas qu'ils attaquent cette nuit, parla Mortimer. Les ténèbres sont trop épaisses : ils ne pourraient même pas découvrir où nous sommes. Mais, aux premières lueurs du jour, nous devons nous attendre à tout !

« En attendant, profitons-en pour fouiller le navire : rien ne nous dit, somme toute, que Gibbons n'est plus à bord ! »

Une lanterne sourde fut allumée et les trois hommes commencèrent leurs investigations. Ils ne devaient rien trouver, car, tandis qu'ils cherchaient, Matthew Gibbons, qui avait depuis une heure quitté l'épave, prenait pied sur la plage.

Le bandit avait eu de la chance. Profitant de l'obscurité, il avait patiemment usé les cordelettes lui liant les mains en les frottant contre le cercle de fer servant de support aux cabillots entourant le mât. Ce collier avait des arêtes aiguës. Aussi, la tâche du prisonnier n'avait-elle pas été très difficile.

Ses mains libres, Gibbons avait délié ses chevilles et, grâce à l'obscurité qui le cachait et à la pluie qui étouffait le bruit de ses pas, avait gagné le bastingage, l'avait escaladé et s'était laissé glisser le long de la coque inclinée de la goélette.

Malgré ses cinquante ans, Gibbons était un excellent nageur. Pourtant, il avait employé près d'une heure à franchir la centaine de mètres séparant la *Lucy* du rivage : l'obscurité l'empêchait de s'orienter, et plusieurs fois il avait failli se perdre et nager vers le large, alors qu'il croyait se rapprocher de terre. Mais le hasard l'avait favorisé et, sans savoir comment, il avait enfin senti le fond sous son pied et était sorti de l'eau.

Le peu que Gibbons connaissait de Krapfl lui faisait comprendre qu'il n'avait rien à attendre du capitaine de *l'Odin* après le tour qu'il lui avait joué. Aussi Gibbons pensait simplement à s'éloigner et gagner le plus proche établissement blanc de la côte. De là, il irait soit en Nouvelle-Zélande, soit aux Fidji et essaierait de trouver quelque embarqument.

Seulement, il fallait d'abord s'éloigner. Et, à peine le bandit eut-il fait quelques pas sur le sable qu'il lui sembla, malgré le crépitement de la pluie, entendre quelque chose remuer auprès de lui. Il s'arrêta, inquiet, et, au même instant, deux ombres surgirent à ses côtés.

Sans savoir comment, Gibbons reçut sur le front un coup de casse-tête : il tomba, aux trois quarts assommé. Et, lorsqu'il reprit ses sens, il sentit qu'il était ligoté et que deux hommes le transportaient en le tenant, l'un par les épaules, l'autre par les pieds.

Dix minutes plus tard, Gibbons, toujours porté comme un paquet, faisait son entrée dans une des grottes creusées sous la falaise et dont l'entrée était invisible du côté de la mer.

De vastes bûchers de feuilles sèches aux flammes dansantes et fuligineuses éclairaient cette caverne. Dans un renfoncement, derrière plusieurs rangées de Canaques, Gibbons vit plusieurs blancs étendus sur le sable coralligène.

Un froid mortel courut le long de son échine en reconnaissant Krapfl.

Les deux Ouaméras qui avaient capturé le fugitif le déposèrent devant le groupe formé par Krapfl et ses Allemands et, en un bizarre sabir, entreprirent de raconter les détails de leur exploit.

Krapfl s'était levé. Il croyait qu'on lui amenait Mortimer ou François Bontemps et ses traits exprimaient une intense satisfaction. Il se pencha sur Gibbons et, tout d'abord, ne le reconnut pas.

— Qu'est-ce que c'est encore que celui-là ? grommela-t-il, les sourcils froncés.

Gibbons était si troublé, qu'il n'entendit pas et bafouilla :

— Je vais vous expliquer, capitaine Krapfl...

Quelquefois, la mémoire de l'ouïe est meilleure que celle de la vue.

Krapfl, qui n'avait pas identifié le prisonnier en le regardant, le reconnut en l'entendant parler. Un frisson de joie le secoua.

— Gibbons ! aboya-t-il frémissant. Oh ! c'est le diable qui me le livre. Je... je...

Non, Krapfl était trop ému pour en dire davantage. Toute sa massive stature était prise d'un tremblement.

— Je... je vais vous expliquer, articula Gibbons. C'est...

— Tais-toi ! glapit-il, d'une voix qui fit résonner les échos de la caverne. C'est toi qui as fait tout manquer ! Tout ! Mais tu vas le payer cher ! Carcasse d'enfer ! Je veux qu'en te voyant, Mortimer et les autres tremblent et sachent ce qui les attend !

« Ah ! tu as voulu me trahir et tu as été ensuite assez bête pour venir te jeter dans mes griffes ! Ah ! ah ! ah ! Je vais te montrer qui est Krapfl. On le hait, on le maudit, mais on n'en rit pas.

« Triple imbécile ! Tu as voulu t'allier à ces honnêtes gens, hein ? Et maintenant, tu allais sans doute chercher du secours ? Demain matin, tes amis sauront qu'ils n'ont rien à attendre de ce côté !

Krapf se tut et se frotta les mains d'un air sinistre et significatif. Gibbons, comprenant que l'Allemand le croyait d'accord avec Mortimer, voulut protester. Mais, comme il ouvrait la bouche, l'énorme poing du bandit s'abattit sur son visage, lui écrasant lèvres et dents.

Lire la suite de « LES MYSTÈRES DE LA MER DE CORAIL » dans le volume qui paraîtra la semaine prochaine, sous le titre :

POURSUIVIS PAR LES REQUINS

Nos lecteurs en trouveront le début à la page suivante.

POURSUIVIS PAR LES REQUIN

CHAPITRE PREMIER

LES PIROGUES DE GUERRE

Après une heure de recherches vaines, Mortimer, François Bontemps et Teao, n'ayant découvert aucune trace de Mattew Gibbons, et pour cause, avaient regagné l'arrière de la goélette échouée.

Par précaution, Mortimer fit éteindre la lanterne sourde qui avait servi à la fouille, afin que sa clarté ne servît pas à Krapfl et à ses acolytes à fixer l'emplacement occupé par la *Lucy*. La pluie continuait, toujours aussi dense, toujours aussi violente. Impossible de voir à cinq mètres de soi.

Mortimer, ayant recommandé à Teao et à Barnaby Cringle de redoubler de vigilance, descendit avec Bontemps dans le salon dévasté de la goélette. Ce n'était pas pour se mettre à l'abri, mais simplement pour pouvoir échanger quelques idées sans être obligé de crier.

Dans l'obscurité, les deux amis découvrirent à tâtons un des divans installés de chaque côté de la petite pièce et s'y installèrent.

— La pluie continue, fit Mortimer, et elle ne cessera sûrement pas avant le lever du soleil. Nous ne risquons donc que très peu d'être attaqués. Il faut en profiter.

« Nous allons construire un radeau avec tout le bois que nous trouverons et y embarquerons une ancre attac à un câble, que nous irons mouiller large. Et demain matin, à la ma haute, nous nous halerons dessu Pour peu que la brise souffle de ter il nous sera facile d'appareiller dépit de Krapfl et de ses rascals !

— Mais... vous oubliez l'obscurit capitaine Mortimer, objecta Françoi Comment le radeau se dirigera-t-il On ne voit pas plus loin que le bou de son nez !

— Vous parlez comme un terrien Bontemps ! Et le *compas* (boussole) quoi sert-il ? La baie, vous avez pu l'observer, est orientée de l'est à l'ouest. Pour mouiller notre ancre au large, nous n'avons qu'à diriger le radeau vers le sud en nous guidant avec un compas. C'est simple !

« Vous vous embarquerez sur le radeau avec Barnaby et Teao. Moi, je resterai à bord pour filer le câble à mesure que vous vous éloignerez. Lorsque vous sentirez que le grelin ne se dévidera plus, vous laisserez tomber l'ancre et reviendrez à bord... Le jour ne sera pas loin à ce moment. Nous n'avons que le temps. Remontons, et à l'ouvrage !

Les deux amis regagnèrent immédiatement le pont incliné de la *Lucy*.

Mortimer, ayant rassemblé Teao, Barnaby et Wung-Hi autour de lui, leur fit part de sa décision. L'on se mit aussitôt à l'ouvrage.

(*A suivre.*)

Imprimerie de Sceaux.

TITRES DES VOLUMES PARUS (Suite)

331. Bralheim, le Colosse Roux ... G. Choquet.
332. Dans les Ténèbres éternelles ... G. Choquet.
333. Au pays de l'Epouvante... G. Choquet.
334. Le Tour du Monde de Gaspard Bras-de-Fer ... M. Mario.
335. Le Roi du Désert ... M. Mario.
336. Au Cœur du Soudan ... M. Mario.
337. La Maison des Bandits ... M. Mario.
338. Les Chiens Policiers ... M. Mario.
339. Les Naufrageurs de l'air... J. Moselli.
340. Les Espions de la Mer Jaune ... J. Moselli.
341. La Prison Aérienne ... J. Moselli.
342. Les Etrangleurs de Batavia ... J. Moselli.
343. Le Désert de Boue ... J. Moselli.
344. Le Trésor du Planteur ... M. Mario.
345. La Vengeance du Pèlerin ... M. Mario.
346. Le Sultan du Macoolit ... M. Mario.
347. La Perle de Sumba ... J. de Nauseroy.
348. La Taverne de la « Couronne » ... J. de Nauseroy.
349. La Barrière de Feu ... J. de Nauseroy.
350. Le Trésor du lac d'argent... J. Aleyrac.
351. Dans la Prairie « houleuse » ... J. Aleyrac.
352. La Grande-Main-de-Feu ... J. Aleyrac.
353. Le Cavalier Nocturne ... J. Aleyrac.
354. La Vallée des Cerfs ... J. Aleyrac.
355. L'Ile aux Lingots ... Pierre Adam.
356. Les Hommes Violets ... Pierre Adam.
357. Le Poteau Vivant... Pierre Adam.
358. Le Prince Napoudja... G. Choquet.
359. Les Adorateurs du Serpent ... G. Choquet.
360. Les Assommeurs de Manaupaër G. Choquet.
361. Le Temple des Tortues ... G. Choquet.
362. La Fosse aux Tigres ... G. Choquet.
363. Le Téléluz ... J. Moselli.
364. Les Diamants du Désert... J. Moselli.
365. Les Rois du Rifle ... Jo. Valle.
366. Les Condors de la Sierra ... Jo. Valle.
367. Le Vallon du Tonnerre ... Jo. Valle.
368. La Clé d'Argent ... A. Romagny.
369. L'Homme Roux ... A. Romagny.
370. A Travers le Yunnan ... G. Choquet.
371. Le Défilé d'Enfer... G. Choquet.
372. La Mine d'Or du Naufragé ... J. Aleyrac.
373. Au fond du puits... J. Aleyrac.
374. Le Trésor du Corsaire... D. Ramières.
375. Jehan, le Frivolet ... M. Savigny.
376. Le Reître Rouge ... M. Savigny
377. La Main du Kingstown ... R. Préval.
378. Les Morts Vivants... R. Préval.
379. Le Bataillon de la Révolte... R. Préval.
380. La Main noire allemande... G. Mériel.
381. Les Gueules noires ... G. Mériel.
382. Le Fils du Condamné ... Pierre Gallien
383. L'Empreinte sanglante ... Pierre Gallien.
384. La Torpille aérienne ... A. Romagny.
385. Chez les Pygmées ... J. Aleyrac.
386. La Forêt souterraine ... J. Aleyrac.
387. Passe-Partout, le petit Eclaireur. F. d'Argelles.
388. Les Forceurs de blocus... F. d'Argelles.
389. Le Géant noir... F. d'Argelles.
390. Le Roi des Forêts ... F. d'Argelles.
391. Le Nègre blanc... F. d'A
392. Les Fantômes du Souterrain ... F. d'A
393. Le Paquebot vengeur ... F. d'A
394. La Mort du Fauve... F. d'A
395. Bouticot, gamin de Paris... Jacques
396. Une Poursuite mouvementée ... Jacques
397. La Capture d'un bandit ... Jacques
398. La Bague à secret ... S. Ferr
399. La Main criminelle ... S. Fer
400. A travers la Jungle mystérieuse S. Fer
401. La Fiancée du Maharajah ... S. Ferin
402. La Cachette introuvable ... S. Feri
403. Aventure d'un gentilhomme français chez les Gaulois ... J. Bernar
404. Le Pardon d'un roi ... J. Bernar
405. L'Héritage de B.-P. Selton ... A. Romag
406. Les Victimes du « Loup Blanc » ... A. Romag
407. Timor, le pirate ... A. Romag
408. Le Valet de chambre milliardaire A. Romag
409. La Vengeance d'un forban ... A. Romag
410. L'esclave du silence... Guy Tong
411. Prisonniers du Chancelier rouge ... Guy Tong
412. Race d'espionne ... Guy Tong
413. Le Plan de Lilian Malkiel ... Guy Tong
414. L'Etrange pouvoir d'un fakir ... Guy Tong
415. Le Triomphe de l'homme sans nom... Guy Tong
416. Le Sire de Kergorec ... José Mosel
417. Yves le Corsaire ... José Mosel
418. Les Fourberies de Santall... José Mosel
419. Le Roi des Incas ... José Mosel
420. Le Savant Doublezède ... José Mosel
421. Les Naufragés du Hai-Nan ... P. Adam.
422. La trouvaille fatale ... P. Adam.
423. Les Revenants du Lac Kharkis... P. Adam.
424. Le Trésor du Comte Doudisky ... P. Adam.
425. L'Homme à la Carabine ... J. Moselli.
426. Assiégés par les Convicts ... J. Moselli.
427. L'Auberge du Nandou ... J. Moselli.
428. Capturés par les Canaques... J. Moselli.
429. Les Diamants de l'Idole ... J. Moselli.
430. La Mission du Cardinal ... J. Mahan.
431. L'Evadé de la Bastille... J. Mahan.
432. Au palais du roi de Siam... J. Mahan.
433. Face de Fer ... J. Mahan.
434. La Momie Verte ... J. Frick.
435. Le Supplice de Tantale ... R. Gatien.
436. Les Dangers de la Forêt vierge. R. Gatien.
437. L'Infernal Châtiment... R. Gatien.
438. Martin Daltier, détective ... Maxwel Sco
439. A la merci des flots ... Maxwel Sco
440. Les Documents volés ... Maxwel Sco
441. L'Étoile du Pendjab ... Paul Darc
442. Le Sanctuaire des Honeas ... Paul Darcy
443. Le Capitaine Fière-Lame ... S. Walkey
444. L'Ile fantastique... S. Walkey
445. Le Chemin du Trésor... S. Walkey
446. Les Mystères de la mer de Corail. José Mosel
447. Le Secret de Wung-Hi... J. Moselli
448. Les Chasseurs de Têtes... J. Moselli
449. La Jonque perdue... J. Moselli

Tous ces volumes sont expédiés *franco* à domicile sur demande accompagnée d'un mandat et adress[é à] l'Administration, 3, rue de Rocroy, Paris (Xe). Ajoutez au prix de chaque volume **15** centimes pour le [port].

www.ingramcontent.com/pod-product-compliance
Ingram Content Group UK Ltd.
Pitfield, Milton Keynes, MK11 3LW, UK
UKHW032004260826
14628UKWH00005B/2269

9 782329 175096